Umjetnost Sporog Kuhanja
Okusi koji Sazrijevaju S Vremenom

Ana Mihaljević

Sadržaj

Svinjski kotleti s medom i senfom 11

Dimljena svinjetina sa šljivama 13

Dimljena šunka od slatke naranče 15

Sherry piletina s pire krumpirom 16

Napeta piletina s tikvicama 18

Svečane Cornish kokoši 20

Losos s umakom od kapara 21

Štruca s lososom i začinskim biljem s umakom 23

Lazy Man Mac and Cheese 25

Mediteranska piletina sa tikvicama 26

Mediteranski punjeni špageti squash 28

Svakodnevna tepsija od rajčice 30

Tepsija od makarona s četiri sira 31

Kremasti lonac s rezancima od povrća 33

Staromodna tjestenina bolonjez 35

Tradicionalne meksičke enchilade 37

Punjena pileća prsa 39

Tjestenina s umakom od rajčice 40

Farfalle s umakom od gljiva 41

Risi Bisi iz sjeverne Italije 42

Pecorino i rižoto od zelenog graška 44

Rižoto s tikvicama i žutom tikvicom 46

Pita od jaja sa gljivama 48

Aromatični rižoto od jabuka 50

Ukusan slani souffle 51

Špageti sa šparogama i grahom 52

Jednostavan, ukusan zeleni grah 53

Veganska mediteranska poslastica 54

Vrući zapečeni grah 56

Zapečeni i začinjeni grah Cannellini 58

Ukusan grah sa slatkim začinima 59

Jednostavna medena cikla s grožđicama 61

Glazirane prokulice s bisernim lukom 62

Biljni pire od krumpira i mrkve 63

Zimski kupus sa slaninom 65

Vegetarijanski oguljeni kupus 66

Nevjerojatna narančasta glazirana mrkva 68

Mediteranski kremasti kupus 69

Slatki krumpir glaziran narančom 71

Ukusan obiteljski kukuruzni flan ... 73

Pikantni puding od kukuruza ... 74

Svinjska lopatica s ljutim umakom ... 76

Krema od poriluka i češnjaka ... 78

Vidalia Punjeni luk ... 80

Kandirani jam od voća i orašastih plodova ... 82

Javorova medena rebra ... 83

Pekmez za zimske praznike ... 84

Puding od tikvica i batata ... 86

Bogat i kremast gratinirani krumpir ... 88

Kremasti krumpir s dimljenom šunkom ... 90

Kremasto povrće ... 91

Souffle od gljiva i tikvica ... 93

Užitak od špinata i rezanaca sa sirom ... 95

Slani puding od kruha ... 97

Kukuruz i krumpir sa škampima ... 99

Bogata i zdrava ljetna paella ... 100

Zec u umaku od kokosa ... 102

Vegetarijanska musaka od krumpira i patlidžana ... 103

Pileći bataci u kariju s krumpirom ... 105

Ukusan noćurak u Clafoutu ... 107

Večernji rižoto s jabukama 109

Tepsija od sira i kruha 110

Sendviči na francuski način 112

Bratwurst i pita od kiselog kupusa 113

Romantična zimska večera 115

Napeta piletina s tikvicama 116

Svečane Cornish kokoši 118

Losos s umakom od kapara 119

Grdobina s sirom i cvjetačom 121

Srdačna kora iverka 123

Bogata juha od plodova mora sa slaninom 125

Osvježavajuća riblja korica s jajetom 127

Začinjeni čili od slatkog krumpira 129

Čili s puretinom i pečenom paprikom 131

Čili od crnog graha s tikvicom 133

Puretina i Cannellini mahunarke 135

Lagani čili od govedine i svinjetine 137

Čili na talijanski način 139

Obiteljski omiljeni čili 141

Jednostavan chili od fileta 143

Ukusna juha od graha od rajčice 144

Janjetina s čili šunkom 146

Krem juha od povrća 148

Jesenska juha od prokulice 149

Vegetarijanska krem juha od kukuruza 151

Bogata juha od krumpira-Pistou 153

Osvježavajuća juha od pečene crvene paprike 155

Starinski juneći paprikaš 157

Začinjena juha od krastavaca 159

Lagani ukusni goveđi gulaš 161

Zasitni pileći paprikaš 163

Kobasica i pureći paprikaš 165

Gulaš od puretine i graha 166

Varivo od bakalara i škampa 168

Ljetni pikantni riblji paprikaš 170

Vegetarijanska hrana za svako godišnje doba 172

Vegansko varivo od pšeničnih bobica i leće 174

Obiteljski crveni čili 175

Purica s čili keljom 177

Začinjeni chili od pileće kobasice 179

Feferoni ljuti čili 181

Špageti s grahom i šparogama 183

Lako začinjene mahune ... 185

Omiljeni kremasti zeleni grah ... 187

Steak Roll Ups s gljivama ... 188

Omiljeni ljuti Rouladen ... 190

Sočna juneća kratka rebra ... 192

Jednostavna talijanska mesna štruca ... 193

Svakodnevna mesna štruca od sira ... 195

Mesna štruca s karijem i kikirikijem ... 197

Mamin začinjeni grah ... 199

Cajun Jambalaya osigurao ... 200

Začinjeno svinjsko pečenje ... 202

Veseli punjeni listovi kupusa ... 204

Svinjski file pirjan u mlijeku ... 206

Pire krumpir s mrkvom ... 208

Kuhana šunka za blagdane ... 210

Omiljeni maslac od jabuke u obitelji ... 211

Piletina na talijanski način s brokulom ... 212

Štruca s lososom i začinskim biljem s umakom ... 214

Lazy Man Mac and Cheese ... 216

Mediteranska piletina sa tikvicama ... 217

Mediteranski punjeni špageti squash ... 219

Svinjski kotleti s medom i senfom

(Spremno za oko 4 sata | Za 4 osobe)

Sastojci

- 4 svinjska kotleta bez kostiju
- 1/4 šalice poriluka, nasjeckanog
- 1/2 šalice pileće juhe
- 1/2 šalice suhog bijelog vina
- 1 žlica kukuruznog škroba
- 2 žlice meda
- 2 žlice senfa
- 1 žličica naribanog đumbira
- Sol, po ukusu
- Crni papar, po ukusu

upute

1. U loncu pomiješajte svinjske kotlete, poriluk, pileći temeljac i bijelo vino.

2. Poklopite i kuhajte na laganoj vatri oko 3 do 4 sata.

3. Izvadite svinjske kotlete iz lonca i držite ih na toplom.

4. Dodajte kukuruzni škrob, med, senf, đumbir, sol i crni papar; nastavite kuhati oko 5 minuta. Poslužite toplo.

Dimljena svinjetina sa šljivama

(Spremno za oko 8 sati | Za 8 porcija)

Sastojci

- 2 funte svinjskog fileta, bez kostiju i narezan na kockice
- 1 šalica suhih šljiva bez koštica
- 1 ½ šalice juhe od povrća
- 1/2 šalice suhog bijelog vina
- 1 žličica soka od limuna
- Sol, po ukusu
- Crni papar, po ukusu
- Dimljena paprika, po ukusu
- 2 žlice kukuruznog škroba
- 1/4 šalice hladne vode
- Tekući dim, po ukusu
- 4 šalice kuhanog kus-kusa, toplog

upute

1. Stavite sve sastojke osim kukuruznog škroba, vode, tekućeg dima i kus-kusa u lonac.

2. Poklopite i kuhajte na laganoj vatri oko 8 sati. Zatim pojačajte vatru; kuhati oko 10 minuta.

3. Pomiješajte kukuruzni škrob s hladnom vodom u posudi. Dodajte ovu smjesu i tekući dim u lonac i neprestano miješajte 2-3 minute. Poslužite uz kus-kus.

Dimljena šunka od slatke naranče

(Spremno za oko 3 sata | Za 10 porcija)

Sastojci

- 3 kg pršuta bez kostiju
- 1/3 šalice soka od naranče
- 1/4 šalice meda
- 1 žličica pimenta
- 1/2 žličice mljevenog cimeta
- 11/2 žlice kukuruznog škroba
- 1/4 šalice hladne vode
- 2 žlice suhog šerija

upute

1. Stavite sve sastojke osim kukuruznog škroba, vode i šerija u lonac.

2. Poklopite i kuhajte na laganoj vatri dok šunka ne omekša ili oko 3 sata. Gotovu šunku prebacite na tanjur za posluživanje.

3. Izmjerite 1 šalicu juhe u posudu; dovesti do vrenja; tucite preostale sastojke oko 1 minutu.

4. Poslužite s umakom od šunke i uživajte!

Sherry piletina s pire krumpirom

(Spremno za oko 4 sata | Za 4 osobe)

Sastojci

Za Sherry piletinu:
- 1/4 šalice suhog šerija
- 1 šalica grožđica
- 4 pileća prsa srednje veličine
- 1 jabuka za kuhanje, oguljena i nasjeckana
- 1 slatki luk, narezan na ploške
- 1 šalica pileće juhe
- Sol i papar, po ukusu

Za pire krompir:
- 2 funte Idaho krumpira, oguljenog i kuhanog
- 1/4 kiselog vrhnja
- 1/3 šalice punomasnog mlijeka
- 2 žlice maslaca
- 1 žličica morske soli
- 1/4 žličice crnog papra
- 1/4 žličice kajenskog papra

upute

1. Stavite sve sastojke sherry piletine u lonac; poklopite i kuhajte na visokoj razini dok pileća prsa ne omekšaju ili 3 do 4 sata.

2. Za to vrijeme istucite krumpir, dodajući mu kiselo vrhnje, mlijeko i maslac; tucite dok ne postane glatko i ravnomjerno.

3. Začinite začinima i poslužite uz sherry piletinu.

Napeta piletina s tikvicama

(Spremno za oko 4 sata | Za 6 osoba)

Sastojci

- 3 srednja pileća prsa, podijeljena
- 1 šalica bademovog mlijeka
- 1/4 šalice vode
- 1/4 šalice soka od limuna
- 2 češnja češnjaka nasjeckana
- 1 srednja glavica luka, nasjeckana
- Sol, po ukusu
- Crvena paprika, po ukusu
- 1 žličica mljevenog đumbira
- 1 žličica mljevenog kima
- 1 kg tikvica narezanih
- 1 žlica kukuruznog brašna
- 2 žlice vode
- 1/3 šalice svježeg peršina, nasjeckanog
- 4 šalice riže, kuhane

upute

1. U lonac stavite sve sastojke osim tikvica, kukuruzne krupice, vode, peršina i riže.

2. Poklopite i kuhajte na laganoj vatri oko 4 sata, dodajući tikvice tijekom zadnjih 30 minuta kuhanja. Pileća prsa rezervirajte.

3. Pojačajte vatru i nastavite kuhati 10 minuta; umiješajte kukuruzno brašno i vodu, miješajući oko 3 minute.

4. Pospite peršinom; poslužite preko riže.

Svečane Cornish kokoši

(Spremno za oko 6 sati | Za 4 osobe)

Sastojci

- 2 smrznute Cornish kokoši, odmrznute
- 1/2 žličice morske soli
- 1/4 žličice mljevenog crnog papra
- 1/2 žličice kajenskog papra
- 1 režanj češnjaka nasjeckan
- 1/3 šalice pileće juhe
- 2 žlice kukuruznog brašna
- 1/4 šalice vode

upute

1. Pospite Cornish kokoši solju, crnim paprom i cayenne; dodajte nasjeckani češnjak i stavite u lonac. Ulijte pileći temeljac.

2. Poklopite i kuhajte na laganoj vatri 6 sati. Izvadite Cornish kokoši i rezervirajte.

3. Pomiješajte izmiješano kukuruzno brašno i vodu, miješajući 2-3 minute; servirati.

Losos s umakom od kapara

(Spremno za oko 45 minuta | Za 4 osobe)

Sastojci

- 1/2 šalice suhog bijelog vina
- 1/2 šalice vode
- 1 žuti luk tanko narezan
- 1/2 žličice soli
- 1/4 žličice crnog papra
- 4 odreska lososa
- 2 žlice maslaca
- 3 žlice brašna
- 1 šalica pileće juhe
- 2 žličice soka od limuna
- 3 žlice kapara

upute

1. U loncu pomiješajte vino, vodu, luk, sol i crni papar; poklopite i kuhajte na jakoj vatri 20 minuta.

2. Dodajte odreske lososa; poklopite i kuhajte na jakoj vatri dok losos ne omekša, odnosno oko 20 minuta.

3. Za pripremu umaka rastopite maslac u maloj tavi na srednjoj vatri. Umiješajte brašno i kuhajte 1 minutu.

4. Ulijte pileći temeljac i limunov sok; tucite 1 do 2 minute. Dodajte kapare; poslužite umak s lososom.

Štruca s lososom i začinskim biljem s umakom

(Spremno za oko 5 sati | Za 4 osobe)

Sastojci

Za mesnu štrucu od lososa:
- 1 šalica svježih krušnih mrvica
- 1 limenka (7 ½ oz) lososa, ocijeđenog
- 1/4 šalice mladog luka, nasjeckanog
- 1/3 šalice punomasnog mlijeka
- 1 jaje
- 1 žlica svježeg soka od limuna
- 1 žličica suhog ružmarina
- 1 žličica mljevenog korijandera
- 1/2 žličice piskavice
- 1 žličica sjemena gorušice
- 1/2 žličice soli
- 1/4 žličice bijelog papra

Za umak:
- 1/2 šalice krastavca, narezanog na kockice
- 1/2 šalice običnog jogurta smanjene masnoće
- 1/2 žličice korova kopra

•Sol, po ukusu

upute

1. Obložite svoj lonac folijom.

2. Pomiješajte sve sastojke za kruh s lososom dok se dobro ne sjedine; oblikovati štrucu i staviti u lonac.

3. Pokrijte odgovarajućim poklopcem i kuhajte na laganoj vatri 5 sati.

4. Pomiješajte sve sastojke za umak; umutiti zajedno.

5. Poslužite svoju mesnu štrucu s pripremljenim umakom.

Lazy Man Mac and Cheese

(Spremno za oko 4 sata | Za 4 osobe)

Sastojci

- Neljepljivi sprej za kuhanje s okusom maslaca
- 16 oz tjestenine po izboru
- 1/2 šalice maslaca, otopljenog
- 1 (12 oz) limenka evaporiranog mlijeka
- 1 šalica mlijeka
- 4 šalice Colby jack sira, naribanog

upute

1. Lonac lagano premažite sprejom za kuhanje.

2. Prvo skuhajte svoje omiljene makarone prema uputama na pakiranju; isprati i ocijediti; uzeti u lonac.

3. Dodajte ostale sastojke i dobro promiješajte. Kuhajte na laganoj vatri 3-4 sata. Uživati!

Mediteranska piletina sa tikvicama

(Spremno za oko 8 sati | Za 4 osobe)

Sastojci

- 4 srednja pileća prsa, bez kože
- 2 šalice malih rajčica narezanih na kockice
- 1 kocka za skladištenje
- 1/2 šalice suhog bijelog vina
- 1/2 šalice vode
- 1 srednja tikvica, narezana na ploške
- 1 veliki luk, nasjeckan
- 1/3 šalice nasjeckane lukovice komorača
- 1 žličica mljevenog kima
- 1 žličica suhog lišća bosiljka
- 1 list lovora
- Prstohvat crnog papra
- 1/4 šalice maslina, očišćenih od koštica i narezanih na ploške
- 1 žličica soka od limuna
- 3 šalice kuhane riže

upute

1. Sve sastojke osim maslina, limunovog soka i kuhane riže stavite u lonac; poklopite i kuhajte na laganoj vatri oko 8 sati, dodajući masline bez koštica tijekom zadnjih 30 minuta kuhanja.

2. Dodajte sok od limuna; bacite lovorov list. Poslužite uz kuhanu rižu i uživajte.

Mediteranski punjeni špageti squash

(Spremno za oko 8 sati | Za 4 osobe)

Sastojci

- 1 srednja špageta tikva, prepolovljena po dužini i očišćena od sjemenki
- 2 romske rajčice, nasjeckane
- 2 konzerve (6 oz.) tune u vodi, ocijeđene i narezane na listiće
- 1 žličica suhog lišća bosiljka
- 1 žličica suhih listova origana
- 1/2 žličice suhe majčine dušice
- Sol, po ukusu
- Crni papar, po ukusu
- Kajenski papar, po ukusu
- 1/2 šalice vode
- 1/4 šalice Pecorino Romano, naribanog

upute

1. Polovice bundeve stavite na tanjur.

2. Pomiješajte sve sastojke osim vode i pecorina romana u mjernoj posudi ili zdjeli za miješanje. Žlicom stavljajte ovu smjesu u polovice bundeve i stavite u lonac.

3. Dodajte vodu u lonac; poklopite i kuhajte na laganoj vatri 6-8 sati.

4. Pospite Pecorinom Romanom i poslužite.

Svakodnevna tepsija od rajčice

(Spremno za oko 3 sata | Za 6 osoba)

Sastojci
- 8 unci makarona, kuhanih
- 1 konzerva (16 oz.) male rajčice narezane na kockice, ocijeđene
- 1/2 šalice poriluka, nasjeckanog
- 1 šalica punomasnog mlijeka
- 1 šalica vode
- 1 žlica kukuruznog brašna
- 3 jaja, lagano tučena
- 1/2 šalice oštrog sira, naribanog
- 1/2 žličice mljevenog cimeta
- Sol, po ukusu
- Paprika, za dekoraciju

upute

1. U loncu pomiješajte tjesteninu, rajčice i poriluk.

2. U zdjeli pomiješajte preostale sastojke, osim paprike; preliti preko lonca makarona.

3. Kuhajte na laganoj vatri oko 3 sata ili dok se krema ne stegne; podijeliti u tanjure za posluživanje i posuti paprikom.

Tepsija od makarona s četiri sira

(Spremno za oko 3 sata | Za 8 porcija)

Sastojci

- Neljepljivi sprej za kuhanje s okusom maslaca
- 3 šalice punomasnog mlijeka
- 1/3 šalice višenamjenskog brašna
- 1 šalica Colby-Jacka, zgnječenog
- 1 šalica mozzarelle sa smanjenim udjelom masti, nasjeckane
- 1 šalica sira cheddar, nasjeckanog
- 1 funta makarona, kuhanih al dente
- 1/2 šalice parmezana

upute

1. Tretirajte posudu za kuhanje sprejom za kuhanje.
2. U velikoj zdjeli za miješanje pomiješajte mlijeko i brašno dok ne postane glatko; dodajte preostale sastojke osim makarona i parmezana.
3. Umiješajte makarone i pospite parmezanom.
4. Poklopite i kuhajte na laganoj vatri 3 sata.

Kremasti lonac s rezancima od povrća

(Spremno za oko 5 sati | Za 6 porcija)

Sastojci

- 1 šalica mlijeka sa smanjenom masnoćom od 2%.
- 1 ½ šalice krem juhe od gljiva
- 2 žlice majoneze, smanjene masnoće
- 1 šalica topljenog sira, nasjeckanog
- 1 zelena paprika
- 1 velika mrkva, nasjeckana
- 1/3 stabljike celera nasjeckane
- 1/3 šalice luka, nasjeckanog
- 1/4 žličice morske soli
- 1/4 žličice mljevenog crnog papra
- 6 oz rezanci, kuhani al dente
- 1/2 šalice slanutka
- 1 žlica maslaca
- 1/3 šalice svježih krušnih mrvica
- 1/3 šalice nasjeckanih pinjola

upute

1. Pomiješajte prvih deset sastojaka u loncu.

2. Umiješajte kuhane rezance; poklopiti prikladnim poklopcem i kuhati na laganoj vatri 5 sati. Dodajte slanutak tijekom zadnjih 30 minuta kuhanja.

3. U tavi od lijevanog željeza otopite maslac na srednjoj vatri; krušne mrvice i pinjole kuhajte oko 5 minuta. Pospite gotovu tepsiju i poslužite!

Staromodna tjestenina bolonjez

(Spremno za oko 7 sati | Za 6 porcija)

Sastojci

- 1/2 funte mljevene svinjetine
- 1/2 funte mljevene junetine
- 1/4 šalice luka, nasjeckanog
- 3 češnja češnjaka nasjeckana
- 1/4 šalice mrkve, nasjeckane
- 1 1/2 žličice suhih talijanskih začina
- 1 limenka (8 oz.) umaka od rajčice, neocijeđena
- 1 velika rajčica, nasjeckana
- 1/4 šalice suhog crnog vina
- 1 žličica morske soli
- 1/4 žličice papra
- 1/4 žličice kajenskog papra
- 12 unci špageta, kuhanih

upute

1. Zapržite mljeveno meso u teškoj tavi koja se ne lijepi na srednjoj vatri 8 minuta; izmrvite vilicom.

2. Ostatak sastojaka, osim špageta, dodajte u lonac. Poklopite i kuhajte na laganoj vatri 6-7 sati.

3. Pripremljenim umakom prelijte špagete i poslužite tople.

Tradicionalne meksičke enchilade

(Spremno oko 1 sat i 15 minuta | Za 6 osoba)

Sastojci

- 1 funta miješane govedine i svinjetine
- 3 kriške kanadske slanine, nasjeckane
- 1 ¼ šalice vode
- 1 (1 oz) paket mješavine začina za taco
- 1 šalica chunky salse
- 2 šalice pileće juhe
- Morska sol, po ukusu
- 4 šalice mješavine meksičkog sira, nasjeckanog
- 10 kukuruznih tortilja, narezanih na četvrtine

upute

1. U širokoj posudi na srednje jakoj vatri kuhajte mljeveno meso i slaninu. Pecite dok ne porumene ili oko 10 minuta.

2. U srednjoj posudi za miješanje pomiješajte vodu, mješavinu začina za taco, salsu, pileću juhu, sol i 2 šalice sira.

3. Na dno posude za kuhanje rasporedite sloj tortilja. Dodajte sloj mljevene junetine i žlicom dodajte smjesu salse preko toga.

4. Ponovite slojeve još jednom, završite slojem tortilja. Prelijte s preostale 2 šalice sira.

5. Pokrijte poklopcem; kuhajte na visokoj temperaturi 1 sat.

Punjena pileća prsa

(Spremno za oko 3 sata | Za 4 osobe)

Sastojci

- 1/2 šalice oštrog sira, naribanog
- 1 crvena paprika, nasjeckana
- 1 zelena paprika, nasjeckana
- 1 žuta paprika, nasjeckana
- 2 pune žlice nasjeckanog svježeg peršina
- 1/4 šalice cilantra, nasjeckanog
- 1/4 šalice rajčice, nasjeckane
- 1/2 žličice čilija u prahu
- 1/2 žličice soli celera
- 4 mala pileća prsa, bez kostiju i istucana na 1/4 inča debljine

upute

1. Pomiješajte sve sastojke osim piletine u zdjeli.

2. Ovom smjesom namažite pileća prsa. Pileća prsa čvrsto smotajte i pričvrstite čačkalicama ili ražnjićima.

3. U lonac posložite pileće rolice. Poklopite i kuhajte na jakoj temperaturi 3 sata.

Tjestenina s umakom od rajčice

(Spremno za oko 7 sati | Za 6 porcija)

Sastojci
- 4 velike rajčice, nasjeckane
- 1 velika glavica žutog luka sitno nasjeckana
- 2 češnja češnjaka nasjeckana
- 1/2 šalice suhog crnog vina
- 2 žlice kečapa od rajčice
- 1 žlica smeđeg šećera
- 1 žličica suhih listova origana
- 1 žličica sjemenki celera
- 1 žličica suhih listova timijana
- 1/8 žličice paprike
- 1/4 žličice košer soli
- 12 unci tjestenine, kuhane i tople

upute
1. Pomiješajte sve sastojke osim tjestenine u svom loncu.
2. Poklopite i kuhajte na laganoj vatri 7 sati.
3. Prelijte umak preko tjestenine i uživajte.

Farfalle s umakom od gljiva

(Spremno za oko 8 sati | Za 6 porcija)

Sastojci
- 1 glavica luka sitno nasjeckana
- 2 češnja češnjaka nasjeckana
- 1 rajčica srednje veličine, nasjeckana
- 1 ½ šalice krem juhe od gljiva
- 2 žlice kečapa od rajčice
- 1 žlica smeđeg šećera
- 1 žličica suhih listova origana
- 1 šalica gljiva, tanko narezanih
- 1 žličica suhog lišća bosiljka
- 1/4 žličice košer soli
- 1/4 žličice mljevenog crnog papra
- 12 oz Farfalle, kuhani i topli

upute
1. Stavite sve sastojke osim farfala u lonac.
2. Poklopite i kuhajte na laganoj vatri oko 8 sati.
3. Farfalle prelijte umakom od gljiva i poslužite.

Risi Bisi iz sjeverne Italije

(Spremno oko 1 sat i 30 minuta | Za 4 osobe)

Sastojci
- 1 šalica vode
- 2 šalice juhe od povrća
- 1/2 šalice mladog luka, sitno nasjeckanog
- 2 češnja češnjaka nasjeckana
- 1 ½ šalice riže
- 1 žličica suhih listova origana
- 1 žlica suhih listova bosiljka
- Mljeveni crni papar, po ukusu
- Kajenski papar, po ukusu
- 8 unci zelenog graška, podrezanog
- 1 žličica svježeg soka od limuna
- 1/2 šalice parmezana, naribanog

upute

1.Stavite sve sastojke u lonac osim zelenog graška, soka od limuna i sira.

2.Poklopite i kuhajte na visokoj temperaturi oko 1 ¼ sata ili dok tekućina gotovo ne upije. Dodajte zeleni grašak tijekom zadnjih 15 minuta kuhanja.

3.Umiješajte limunov sok i sir; podijelite na tanjure za posluživanje i poslužite.

Pecorino i rižoto od zelenog graška

(Spremno oko 1 sat i 30 minuta | Za 4 osobe)

Sastojci

- 2 šalice juhe od povrća
- 1 šalica soka od rajčice
- 1/2 šalice ljutike, sitno nasjeckane
- 2 češnja češnjaka nasjeckana
- 1 ½ šalice kuhane piletine, narezane na kockice
- 1 ½ šalice riže
- 1 žličica sušenog talijanskog začina
- Sol, po ukusu
- Mljeveni crni papar, po ukusu
- Paprika, po ukusu
- 8 unci zelenog graška, podrezanog
- 1/2 šalice pecorino sira, naribanog

upute
1. Stavite sve sastojke u lonac osim zelenog graška i pecorino sira.

2. pokriti; kuhajte na visokoj temperaturi oko 1 sat i 30 minuta, dodajući zeleni grašak tijekom zadnjih 15 minuta vremena kuhanja.

3. Dodajte sir i poslužite toplo.

Rižoto s tikvicama i žutom tikvicom

(Spremno oko 1 sat i 25 minuta | Za 4 osobe)

Sastojci

- 3 šalice juhe od povrća
- 1 srednja glavica luka, nasjeckana
- 2 češnja češnjaka nasjeckana
- 1 šalica narezanih cremini gljiva
- 1 žličica suhog ružmarina
- 1 ½ šalice riže kratkog zrna
- 1 šalica svake tikvice, narezane na kockice
- 3/4 šalice tikvica, narezanih na kockice
- 1 slatki krumpir, oguljen i narezan na kockice
- 1/4 šalice pecorino sira, naribanog
- 1/2 žličice morske soli
- 1/2 žličice mljevenog crnog papra
- 1/2 žličice kajenskog papra

upute

1. Pomiješajte sve sastojke osim sira u svom loncu.

2. Pokrijte i kuhajte na visokoj temperaturi oko 1 ¼ sata ili dok riža ne postane al dente.

3. Umiješajte sir; podijelite na četiri tanjura za posluživanje i uživajte.

Pita od jaja sa gljivama

(Spremno za oko 4 sata | Za 4 osobe)

Sastojci

- 4 velika jaja
- 1/4 šalice višenamjenskog brašna
- 1/2 žličice sode bikarbone
- 1/4 žličice soli
- 1/8 žličice svježe mljevenog crnog papra
- 2 šalice sira Colby Jack, nasjeckanog
- 1 šalica svježeg sira smanjene masnoće
- 1 chipotle paprika, nasjeckana
- 1 šalica gljiva, narezanih na ploške
- 1/2 žličice sušenog ružmarina
- 1/2 žličice suhih listova bosiljka

upute

1.Istucite jaja u velikoj zdjeli dok ne postanu pjenasta; umiješajte brašno, sodu bikarbonu, sol i mljeveni crni papar. Umiješajte ostale sastojke.

2.Smjesu izliti u nauljenu posudu za kuhanje; poklopite i kuhajte na laganoj vatri oko 4 sata.

3.Podijelite na četiri tanjura za posluživanje i uživajte!

Aromatični rižoto od jabuka

(Spremno za oko 9 sati | Za 6 osoba)

Sastojci

- 1/4 šalice maslaca, otopljenog
- 1 ½ šalice Arborio riže
- 3 jabuke, očišćene od koštice i narezane na ploške
- 1/4 žličice svježe mljevenog muškatnog oraščića
- 1/4 žličice mljevenog klinčića
- 1 žličica mljevenog cimeta
- 1/3 šalice smeđeg šećera
- Prstohvat soli
- 1 šalica soka od jabuke
- 2 šalice punomasnog mlijeka
- 1 šalica vode

upute

1. Dodajte maslac i rižu u lonac.
2. Zatim dodajte ostale sastojke; pomiješajte zajedno.
3. Poklopite i kuhajte na laganoj vatri 9 sati. Po želji poslužite sa suhim voćem.

Ukusan slani souffle

(Spremno za oko 3 sata | Za 8 porcija)

Sastojci
- 8 kriški kruha
- 8 unci cheddar sira, nasjeckanog
- 8 unci mozzarella sira, nasjeckanog
- Neprianjajući sprej za kuhanje
- 2 šalice nemasnog evaporiranog mlijeka
- 4 jaja
- 1/4 žličice papra

upute
1. Kruh natrgajte na komade i ostavite sa strane.
2. Umiješajte sireve i temeljac.
3. Premažite lonac neljepljivim sprejom za kuhanje. Zatim dodajte kruh i sir. Promiješajte da se sjedini.
4. U posudi za mjerenje ili zdjeli za miješanje umutite mlijeko, jaja i piment. Prelijte kruh i sir u loncu. Kuhajte na laganoj vatri 2-3 sata.
5. Po želji poslužite uz očišćene i nasjeckane masline.

Špageti sa šparogama i grahom

(Spremno za oko 3 sata | Za 8 porcija)

Sastojci

- 1 limenka (15 oz) graha, ispranog i ocijeđenog
- 3/4 šalice juhe od povrća
- 2 rajčice, nasjeckane šljive
- 1 mrkva, nasjeckana
- 1 žličica suhog lišća bosiljka
- 1 žličica osušenih listova ružmarina
- Sol i papar, po ukusu
- 1 kg šparoga narezanih
- 8 unci špageta, kuhanih
- 1/2 šalice parmezana, nasjeckanog

upute

1. Pomiješajte sve sastojke osim šparoga, špageta i sira u svom loncu.

2. Kuhajte na laganoj vatri oko 3 sata, zadnjih 30 minuta dodajte šparoge.

3. Prilagodite začine po ukusu, zatim dodajte špagete i parmezan; servirati.

Jednostavan, ukusan zeleni grah

(Spremno za oko 4 sata | Za 8 porcija)

Sastojci
- 1 funta zelenih mahuna
- 4 velike rajčice, nasjeckane
- 1/2 šalice ljutike, nasjeckane
- 3 češnja češnjaka nasjeckana
- 1 žličica suhog lišća bosiljka
- 1 žličica suhog ružmarina
- 1/2 žličice soli celera
- 1/4 žličice crnog papra
- 1/4 žličice kajenskog papra

upute

1. Pomiješajte sve sastojke u svom loncu.

2. Pokrijte poklopcem; zatim kuhajte na visokoj temperaturi oko 4 sata ili dok grah ne omekša.

3. Poslužite perad uz predjelo.

Veganska mediteranska poslastica

(Spremno za oko 2 sata | Za 8 porcija)

Sastojci

- 2 šalice zelenih mahuna
- 1/4 šalice luka, sitno nasjeckanog
- 2 češnja češnjaka nasjeckana
- 1 veća crvena paprika, nasjeckana
- 1 velika mrkva, nasjeckana
- 1 žličica korijena đumbira, mljevenog
- 1/2 šalice vode
- 1 šalica konzerviranog crnog graha, ocijeđenog
- 1 žlica rižinog vinskog octa
- 2 žličice tamari umaka
- 1/2 žličice morske soli
- 1/4 žličice mljevenog crnog papra

upute

1.Pomiješajte zelene mahune, luk, češnjak, papriku, mrkvu, korijen đumbira i vodu u loncu; pokrijte poklopcem i stavite lonac na visoko.

2.Pecite oko sat i pol; drenaža. Dodajte ostale sastojke i kuhajte još 30 minuta. Kušajte, prilagodite začine i poslužite.

Vrući zapečeni grah

(Spremno za oko 6 sati | Za 8 porcija)

Sastojci

- 1 šalica nasjeckanog luka
- 2 limenke (15 oz) pinto graha, isprane i ocijeđene
- 1 serrano paprika, nasjeckana
- 1 jalapeño čili, sitno nasjeckan
- 1 šalica kukuruza s cijelim zrnom
- 1 šalica cherry rajčica, prepolovljenih
- 2 žlice šećera
- 1/2 žličice suhih listova majčine dušice
- 1 list lovora
- 1/2 žličice morske soli
- 1/4 žličice bijelog papra
- 1/2 šalice pecorino sira, naribanog
- 1/4 šalice svježeg peršina, sitno nasjeckanog

upute

1. Pomiješajte sve sastojke osim sira i peršina u svom loncu.

2. Poklopite i kuhajte na laganoj vatri 5-6 sati.

3. Pospite sirom i peršinom i poslužite!

Zapečeni i začinjeni grah Cannellini

(Spremno za oko 6 sati | Za 6 porcija)

Sastojci
- 1 šalica juhe od povrća
- 3 limenke (15 oz) cannellini graha
- 1/2 šalice poriluka, nasjeckanog
- 2-3 češnja češnjaka nasjeckana
- 1 stabljika celera, nasjeckana
- 1 slatka crvena paprika, nasjeckana
- 1 žličica sušene kadulje
- 2 lista lovora
- 6 osušenih rajčica, omekšanih i narezanih na ploške
- 1/2 žličice paprike
- 1/2 žličice morske soli
- 1/4 žličice svježe mljevenog crnog papra

upute
1. Stavite sve sastojke u svoj lonac.
2. Poklopite i kuhajte na laganoj vatri 5-6 sati. Poslužite uz kobasicu i omiljenu salatu po želji.

Ukusan grah sa slatkim začinima

(Spremno za oko 6 sati | Za 10 porcija)

Sastojci

- 1 ½ šalice poriluka, nasjeckanog
- 4 limenke (15 oz.) boba, isprane i ocijeđene
- 2 žlice korijena đumbira, sitno nasjeckanog
- 3 češnja češnjaka nasjeckana
- 1 žlica šećera
- 1 šalica paste od rajčice
- 1 žličica sjemena gorušice
- 1 žličica suhih listova timijana
- 1 žličica osušenih listova kadulje
- 1/4 žličice muškatnog oraščića, naribanog
- 2 lista lovora
- Crni papar, po ukusu
- 5-6 zrna papra
- 1/2 šalice đumbira, krupno mljevenog

upute

1. Pomiješajte sve sastojke osim komadića đumbira u loncu.

2. Pokrijte lonac poklopcem i kuhajte na laganoj vatri 6 sati, a zadnji sat dodajte prstohvat đumbira.

3. Odbacite listove lovora i poslužite toplo.

Jednostavna medena cikla s grožđicama

(Spremno za oko 2 sata i 30 minuta | Za 6 obroka)

Sastojci

- 2 šalice vruće vode
- 1 ½ funte srednje velike cikle
- 1 veliki crveni luk, sitno nasjeckan
- 2 češnja češnjaka nasjeckana
- 1/4 šalice grožđica
- 3 pune žlice tostiranih pinjola
- 1/4 šalice meda
- 3 žlice crnog vinskog octa
- 1 žlica maslinovog ulja
- Sol i papar, po ukusu

upute

1. Stavite vruću vodu i ciklu u lonac; poklopite i kuhajte na visokoj temperaturi oko 2 sata; drenaža.

2. Zatim ogulite ciklu i narežite je na sitne komadiće. Povratak u lonac; dodajte preostale sastojke.

3. Pecite još 30 minuta. Poslužite uz predjelo od peradi i uživajte!

Glazirane prokulice s bisernim lukom

(Spremno za oko 2 sata i 10 minuta | Za 6 obroka)

Sastojci

- 8 unci smrznutog bisernog luka, odmrznutog
- 8 unci malih prokulica
- 11/2 šalice vruće vode
- 1/4 žličice mljevenog crnog papra
- 1/4 žličice kajenskog papra
- 1/2 žličice morske soli
- 1 žlica margarina
- 1/4 šalice smeđeg šećera

upute

1. Pomiješajte biserni luk, prokulice i vruću vodu u loncu.

2. Poklopite i kuhajte na visokoj temperaturi oko 2 sata ili dok povrće ne omekša; drenaža. Začinite crnim paprom, kajenskim paprom i morskom soli.

3. Dodajte margarin i šećer i kuhajte još 10 minuta. Poslužite toplo i uživajte.

Biljni pire od krumpira i mrkve

(Spremno za oko 3 sata i 30 minuta | Za 8 porcija)

Sastojci

- 2 šalice krumpira, oguljenih i narezanih na kockice
- 2 funte mrkve, narezane na ploške
- 1 šalica vode
- 2 žlice maslaca
- 1/4 šalice mlijeka, toplog
- 1/2 žličice sušenog ružmarina
- 1/2 žličice papra
- 1/2 žličice sjemenki celera
- 1 žličica sušenog bosiljka
- 1 žličica sušenog origana
- 1/2 žličice soli
- 1/2 žličice mljevene crvene paprike

upute

1. Stavite krumpir, mrkvu i vodu u svoj lonac; poklopite i kuhajte 3 sata na jakoj vatri. Dobro ocijediti.

2. Kuhani krumpir i mrkvu pasirajte u kuhaču dok ne postanu kremasti i glatki; natrag u lonac. Poklopite i kuhajte na visokoj temperaturi oko 30 minuta; povremeno promiješajte.

3. Umutite maslac i mlijeko u pire krumpir i mrkvu. Napravite kremastu konzistenciju. Začinite začinima i poslužite.

Zimski kupus sa slaninom

(Spremno za oko 4 sata | Za 6 osoba)

Sastojci

- 1 glavica kupusa tanko narezana
- 3/4 šalice poriluka, nasjeckanog
- 2 srednje mrkve, nasjeckane
- 1 slatka crvena paprika, tanko narezana
- 2 češnja češnjaka nasjeckana
- 1/2 žličice sjemenki anisa
- 1/4 šalice usoljene govedine
- 1/4 šalice suhog bijelog vina
- Sol, po ukusu
- 1/2 žličice mljevenog crnog papra
- 2 kriške nasjeckane slanine, kuhane dok ne postanu hrskave i ocijeđene

upute

1. Pomiješajte sve sastojke osim slanine u svom loncu.
2. Poklopite i kuhajte na visokoj temperaturi oko 4 sata ili dok kupus ne omekša.
3. Dodajte pancetu, začinite začinima i uživajte!

Vegetarijanski oguljeni kupus

(Spremno za oko 4 sata i 10 minuta | Za 6 obroka)

Sastojci

- 1 veća glavica kupusa tanko narezana
- 3/4 šalice crvenog ili žutog luka, nasjeckanog
- 2 srednje mrkve, nasjeckane
- 1 slatka paprika, tanko narezana
- 2 češnja češnjaka nasjeckana
- 1/2 žličice kumina
- 1/2 žličice sjemenki celera
- 1 šalica konzervirane juhe od povrća
- Sol, po ukusu
- Mljeveni crni papar, po ukusu
- Kajenski papar, po ukusu
- 1/2 šalice kiselog vrhnja smanjene masnoće
- 1 žlica kukuruznog brašna

upute

1. Sve sastojke osim kiselog vrhnja i kukuruzne krupice stavite u lonac.

2. Poklopite i kuhajte na najjačoj temperaturi 4 sata.

3. Umiješajte pomiješano kiselo vrhnje i kukuruznu krupicu i nastavite peći još 10 minuta. Poslužite toplo.

Nevjerojatna narančasta glazirana mrkva

(Spremno za oko 3 sata i 10 minuta | Za 4 osobe)

Sastojci
- 1 funta mlade mrkve
- 3/4 šalice soka od naranče
- 1 žlica maslaca
- 1/2 šalice smeđeg šećera, svijetlog pakiranja
- 1/2 žličice pimenta
- 1/4 žličice mljevenog muškatnog oraščića
- 1/2 žličice morske soli
- 1/2 žličice bijelog papra
- 2 žlice kukuruznog brašna
- 1/4 šalice vode

upute

1. Stavite sve sastojke osim kukuruznog brašna i vode u lonac; poklopite i kuhajte na visokoj temperaturi oko 3 sata ili dok mrkva ne postane hrskava i mekana.

2. U maloj zdjeli za miješanje pomiješajte kukuruzno brašno i vodu; dodati u lonac. Miješajte 2 do 3 minute.

3. Podijelite na četiri tanjura i po želji poslužite uz mesna ili riblja jela.

Mediteranski kremasti kupus

(Spremno za oko 4 sata i 10 minuta | Za 6 obroka)

Sastojci

- 1 veća glavica savojskog kupusa, narezana na ploške
- 3/4 šalice crvenog ili žutog luka, nasjeckanog
- 1 stabljika celera, nasjeckana
- 1 zelena paprika, tanko narezana
- 1 žuta paprika narezana na tanke ploške
- 2 češnja češnjaka nasjeckana
- 1 žličica sjemenki celera
- 1 šalica konzervirane juhe od povrća
- Sol, po ukusu
- Mljeveni crni papar, po ukusu
- Paprika, po ukusu
- Rende za muškatni oraščić
- 1 šalica nasjeckanog špinata
- 1/2 šalice običnog grčkog jogurta
- 1 žlica kukuruznog škroba

upute
1. U lonac stavite sve sastojke osim špinata, jogurta i kukuruznog škroba.

2. Kuhajte poklopljeno 4 sata, zadnjih 30 minuta dodajte špinat i začinite po želji.

3. Dodajte izmiksani jogurt i kukuruzni škrob, miješajući oko 10 minuta. Poslužite toplo i uživajte!

Slatki krumpir glaziran narančom

(Spremno za oko 3 sata i 5 minuta | Za 4 osobe)

Sastojci

- 1 kg batata
- 3/4 šalice soka od naranče
- 1 žlica margarina
- 1/2 šalice smeđeg šećera
- 1/2 žličice ribanog muškatnog oraščića
- 1/4 žličice mljevenog muškatnog oraščića
- 1/4 žličice mljevenog klinčića
- 1/2 žličice mljevenog cimeta
- 1/2 žličice košer soli
- 1/2 žličice bijelog papra
- 2 žlice kukuruznog brašna
- 1/4 šalice vode

upute

1. Sve sastojke osim kukuruznog brašna i vode stavite u lonac.

2. Poklopite i kuhajte na visokoj temperaturi oko 3 sata ili dok slatki krumpir ne postane hrskav i mekan.

3. Dodajte pomiješanu kukuruznu krupicu i vodu uz stalno miješanje 3-4 minute. Poslužite uz omiljeno mesno predjelo.

Ukusan obiteljski kukuruzni flan

(Spremno za oko 3 sata | Za 6 osoba)

Sastojci
- 1 žličica šećera
- 1 šalica mlijeka
- 3 jaja, lagano tučena
- 1 ½ šalice oljuštenog kukuruza
- 1 šalica kukuruza u zrnu
- 1/2 žličice papra
- 1/2 žličice soli
- 1/4 žličice bijelog papra

upute
1. Pomiješajte sve sastojke. Stavite u posudu za soufflé.
2. Stavite ovu posudu za soufflé na rešetku lonca.
3. Poklopite i kuhajte na laganoj vatri oko 3 sata.

Pikantni puding od kukuruza

(Spremno za oko 3 sata | Za 6 osoba)

Sastojci

- Neprianjajući sprej za kuhanje
- 3 jajeta srednje veličine
- 1 šalica punomasnog mlijeka
- 1/2 šalice smrznutog kukuruza s cijelim zrnom, odmrznutog
- 2 žlice višenamjenskog brašna
- 1/2 žličice mljevenih sjemenki kumina
- 1 žličica fine morske soli
- 1/4 žličice mljevene crvene paprike
- 1/4 žličice crnog papra
- 1/2 šalice oljuštenog kukuruza
- 2 šalice oštrog sira smanjene masnoće, naribanog
- 1 chipotle paprika, nasjeckana

upute

1. Poprskajte unutrašnjost lonca neljepljivim sprejom za kuhanje.

2. Pasirajte jaja, mlijeko, kukuruz od cjelovitog zrna, višenamjensko brašno, kumin, sol, pahuljice crvene paprike i crni papar u procesoru hrane ili blenderu dok ne postane glatko i jednolično.

3. Smjesu izliti u nauljenu posudu za kuhanje. Dodajte ostale sastojke.

4. Poklopite i kuhajte na laganoj vatri oko 3 sata.

Svinjska lopatica s ljutim umakom

(Spremno za oko 12 sati | Za 10 porcija)

Sastojci

- 1 odrezak od svinjske lopatice
- 1/2 žličice mljevenog crnog papra
- 1/2 žličice kajenskog papra
- 1 žličica fine morske soli
- 1 žlica svježeg soka od naranče
- 1 šalica balzamičnog octa
- 2 žlice smeđeg šećera
- 1 žlica Tabasco umaka

upute

1. Stavite svinjetinu na dno lonca. Začinite crnim paprom, kajenskim paprom i morskom soli. Prelijte sokom od naranče i balzamičnim octom.

2. Poklopite i kuhajte na laganoj vatri 12 sati.

3. Izvadite svinjetinu iz lonca; baci sve kosti.

4. Ostavite 2 šalice tekućine za pripremu umaka. U odvojenu tekućinu dodajte šećer i tabasco umak.

5. Svinjetinu narežite i vratite u lonac. Svinjetinu prelijte umakom.

6. Držite na toplom prije posluživanja.

Krema od poriluka i češnjaka

(Spremno za oko 3 sata | Za 6 osoba)

Sastojci

- 2 žlice ekstra djevičanskog maslinovog ulja
- 4 poriluka (samo bijeli dijelovi), narezana na ploške
- 2 češnja češnjaka nasjeckana
- 1/2 žličice papra
- 2 jaja, lagano tučena
- 1 šalica punomasnog mlijeka
- 1/8 žličice mljevenog muškatnog oraščića
- 1/2 žličice morske soli
- 1/4 žličice mljevenog crnog papra
- 1/4 žličice mljevene crvene paprike
- 1/2 šalice švicarskog sira, naribanog

upute

1. Zagrijte maslinovo ulje u maloj tavi od lijevanog željeza na srednje jakoj vatri. Pržite poriluk i češnjak oko 8 minuta.

2. Pirjani poriluk i češnjak dodajte u odgovarajuću posudu za soufflé; dodajte preostale sastojke; stavite svoj lonac na rešetku.

3. Poklopite i kuhajte na laganoj vatri 3 do 3,5 sata ili dok se krema ne stegne.

4. Pustite da odstoji 10 minuta prije rezanja i posluživanja. Ova krema može biti ukusna večera, ali i nadopuna vašem omiljenom jelu.

Vidalia Punjeni luk

(Spremno za oko 4 sata | Za 6 osoba)

Sastojci

- 4 srednje velike glavice luka Vidalia, oguljene
- 1/2 šalice krušnih mrvica
- 1/2 šalice Queso fresco sira, izmrvljenog
- 4 sušene rajčice, nasjeckane
- 1/4 šalice vodenog kestena
- 2 češnja češnjaka nasjeckana
- 1/2 žličice suhih listova bosiljka
- 1/4 žličice soli
- 1/4 žličice crnog papra
- 1 bjelanjak
- 1/2 šalice tople pileće juhe

upute

1. Kuhajte Vidalia luk u vodi oko 10 minuta; drenaža.

2. Vidalia luk prerežite na pola i uklonite središte. Možete rezervirati centre za druge svrhe.

3. U zdjeli za miješanje pomiješajte preostale sastojke osim pilećeg temeljca; pripremljenom smjesom puniti polovice luka.

4. Dodajte punjeni luk u lonac; ulijte pileći temeljac.

5. Kuhajte ispod poklopca na jakoj vatri oko 4 sata.

Kandirani jam od voća i orašastih plodova

(Spremno za oko 4 sata | Za 8 porcija)

Sastojci
- 2 funte jamsa, oguljenog i tanko narezanog
- 1/4 šalice grožđica
- 1/4 šalice prženih pekan oraha, nasjeckanih
- 2/3 šalice upakiranog svijetlo smeđeg šećera
- Prstohvat soli
- 1/2 žličice papra
- 1/4 žličice mljevenog crnog papra
- 2 žlice hladnog maslaca
- 1/2 šalice vode
- 2 žlice kukuruznog brašna

upute

1. Slatki krompir stavite u lonac, pospite ribizlima, pekan orašima, smeđim šećerom, soli, pimentom i paprom te premažite hladnim maslacem. Ponavljati slojeve dok se sastojci ne potroše.

2. Pomiješajte vodu i kukuruznu krupicu; ulijte u lonac.

3. Poklopite i kuhajte na laganoj vatri 3 sata; zatim pojačajte vatru i kuhajte još 1 sat. Uživati!

Javorova medena rebra

(Spremno za oko 5 sati | Za 6 porcija)

Sastojci

- 3 kilograma svinjskih rebara
- 1 šalica konzervirane juhe od povrća
- 1/2 šalice vode
- 1/4 šalice meda
- 3 žlice senfa
- 1/4 šalice barbeque umaka
- 1/4 šalice tamari umaka
- 1/4 šalice čistog javorovog sirupa

upute

1. Pomiješajte sve sastojke osim svinjskih rebara u tavi.

2. Rebra razdvojite; stavite svinjska rebra u lonac.

3. Poklopite i kuhajte na visokoj temperaturi 5 sati ili dok svinjetina ne otpadne s kosti. Poslužite toplo s vrućim umakom od rajčice i dodatnim senfom po želji.

Pekmez za zimske praznike

(Spremno za oko 3 sata | Za 6 osoba)

Sastojci

- 1 ¼ šalice batata, oguljenog i krupno naribanog
- 1/3 šalice ljutike, sitno nasjeckane
- 2 trpke jabuke, nasjeckane
- 1/4 šalice zlatnih grožđica
- 1/8 žličice mljevenog muškatnog oraščića
- 1/4 žličice mljevenog klinčića
- 1/4 žličice mljevenog cimeta
- 1/4 šalice višenamjenskog brašna
- 1/4 šalice svježeg soka od naranče
- Prstohvat soli
- 1/4 žličice bijelog papra
- 1 veliko jaje

upute

1.Pomiješajte sve sastojke osim jajeta; prilagodite začine ukusu. Umiješajte jaje.

2.Stavite smjesu u maslacem namazan kalup za kruh; stavite posudu za kruh na rešetku vašeg lonca. Prekriti aluminijskom folijom.

3.Ulijte 2 inča vruće vode u lonac; poklopite i kuhajte na jakoj temperaturi oko 3 sata.

4.Ostavite na rešetki najmanje 5 minuta; prebacite na tanjure za posluživanje i poslužite.

Puding od tikvica i batata

(Spremno za oko 3 sata i 30 minuta | Za 6 obroka)

Sastojci

- Repičino ulje
- 1 šalica Hubbard tikve
- 1 šalica mrkve, narezane na ploške
- 4 srednja slatka krumpira, oguljena i narezana na kockice
- 1/4 šalice soka od naranče
- 2 žlice maslaca
- 1/4 šalice upakiranog svijetlo smeđeg šećera
- 1/4 žličice klinčića
- Prstohvat soli
- 3 jaja, lagano tučena
- 1 šalica minijaturnog marshmallowa

upute

1. Unutrašnjost lonca nauljite repičinim uljem.

2. Dodajte tikvicu, mrkvu i batat; poklopite i kuhajte na jakoj temperaturi oko 3 sata.

3. Izvadite povrće iz lonca; zgnječite s ostalim sastojcima, osim marshmallowa.

4. Natrgano povrće vratite u lonac; poklopite i kuhajte na najjačoj temperaturi još 30 minuta. Prelijte sljezom i poslužite.

Bogat i kremast gratinirani krumpir

(Spremno za oko 3 sata i 30 minuta | Za 8 porcija)

Sastojci

- 2 funte krumpira, oguljenih i narezanih na ploške
- 1/4 šalice zelenog luka, narezanog na ploške
- 1/2 žličice soli
- 1/4 žličice mljevenog crnog papra
- 2 žlice maslaca
- 3 žlice ljutike, sitno nasjeckane
- 3 žlice višenamjenskog brašna
- 1 šalica mlijeka
- 2 unce topljenog sira sa smanjenim udjelom masnoće, narezanog na kockice
- 1 šalica sira cheddar, nasjeckanog
- 1/2 žličice suhih listova bosiljka
- 1/2 žličice suhih listova origana
- 1/2 žličice paprike

upute

1. Na dno lonca rasporedite polovicu narezanog krumpira i mladog luka; pospite solju i mljevenim crnim paprom.

2. Za pripremu umaka rastopite maslac u maloj tavi; dodajte ljutiku i brašno i kuhajte oko 2 minute. Postupno umiješajte mlijeko, miješajući dok se ne zgusne, odnosno 2-3 minute.

3. Zatim smanjite vatru; dodajte preostale sastojke. Miješajte dok se sve dobro ne sjedini i otopi.

4. Polovicom ovog umaka od sira prelijte slojeve lonca. Ponovite slojeve, završite s umakom od sira.

5. Poklopite i kuhajte na najjačoj temperaturi oko 3 i pol sata. Poslužite toplo i uživajte!

Kremasti krumpir s dimljenom šunkom

(Spremno za oko 4 sata | Za 8 porcija)

Sastojci

- 2 funte krumpira, narezanog na ploške
- 12 unci dimljene šunke, narezane na kockice
- 1 cl juhe od gljiva iz konzerve
- 1 žličica suhog lišća bosiljka
- 1 šalica mlijeka
- 1 ½ šalice Monterey Jack sira
- Morska sol, po ukusu
- 1/4 žličice crnog papra, svježe mljevenog
- 1/4 žličice kajenskog papra
- Dimljena paprika, po ukusu

upute

1. Na dno lonca stavite krumpir i pršut.
2. U velikoj zdjeli za miješanje pomiješajte preostale sastojke; ulijte u lonac.
3. Poklopite i kuhajte na najjačoj temperaturi oko 4 sata. Uživati!

Kremasto povrće

(Spremno za oko 5 sati | Za 6 porcija)

Sastojci

- 4 manja krumpira, narezana na ploške
- 1 srednja lukovica komorača, narezana na ploške
- 1 repa, narezana na ploške
- 1 velika mrkva, narezana na ploške
- 2 srednja pastrnjaka, narezana na ploške
- 3 manja poriluka (samo bijeli dijelovi), narezana na ploške
- 2 češnja češnjaka nasjeckana
- 1/2 žličice suhih listova bosiljka
- Sol, po ukusu
- 1/4 žličice mljevenog crnog papra
- 1/4 žličice paprike
- 1 šalica pileće juhe
- 1/2 šalice pola-pola
- 1 šalica kiselog vrhnja
- 2 žlice kukuruznog brašna

upute

1. Pomiješajte sve sastojke osim kiselog vrhnja i kukuruznog brašna u svom loncu.

2. Poklopite i kuhajte na visokoj temperaturi oko 5 sati ili dok povrće ne omekša.

3. Dodati pomiješano kiselo vrhnje i kukuruznu krupicu i nastaviti kuhati uz miješanje 2-3 minute. Poslužiti.

Souffle od gljiva i tikvica

(Spremno za oko 4 sata | Za 8 porcija)

Sastojci

- 4 jaja srednje veličine
- 3/4 šalice punomasnog mlijeka
- 1/4 šalice višenamjenskog brašna
- 1 šalica gljiva, narezanih na ploške
- 1 kg tikvica nasjeckanih
- 2 žlice krupno nasjeckanog peršina
- 1 režanj češnjaka nasjeckan
- 1/2 žličice suhih listova bosiljka
- 1/2 žličice suhih listova origana
- 1/2 žličice sušenog ružmarina
- 1 čajna žličica soli
- 1/4 žličice mljevenog crnog papra
- 1/4 žličice kajenskog papra
- 1/2 šalice parmezana, naribanog

upute

1. U zdjeli za miješanje umutite jaja, mlijeko i višenamjensko brašno dok ne postane glatko.

2. Zatim dodajte ostale sastojke osim 1/4 šalice parmezana.

3. Ovu smjesu ulijte u vatrostalnu posudu; pospite preostalom 1/4 šalice parmezana.

4. Stavite vatrostalnu posudu na rešetku u loncu; poklopite i kuhajte na jakoj 4 sata. Poslužite toplo.

Užitak od špinata i rezanaca sa sirom

(Spremno za oko 4 sata | Za 8 porcija)

Sastojci

- 1/2 šalice krem sira smanjene masnoće
- 1 šalica svježeg sira
- 3 velika jaja, lagano tučena
- 1 šalica punomasnog mlijeka
- 1/2 šalice grožđica
- 1/2 žličice papra
- 2 šalice špinata
- 1/2 šalice rezanaca od jaja, kuhanih al dente
- 1/2 žličice soli
- 1/2 žličice mljevenog crnog papra
- 1/2 žličice mljevene crvene paprike
- Parmezan, za ukras

upute

1. Pomiješajte krem sir i svježi sir u srednjoj zdjeli; umutiti jaja i dodati u smjesu sa sirom.

2. Umiješajte preostale sastojke osim parmezana; žlicu u posudu za soufflé.

3. Pospite parmezanom; stavite posudu za sufle u lonac na rešetku.

4. Poklopite i kuhajte na laganoj vatri oko 4 sata ili dok se ne stegne.

Slani puding od kruha

(Spremno za oko 5 sati | Za 8 porcija)

Sastojci

- Neprianjajući sprej za kuhanje
- 8 unci kruha, na kockice
- 1 žličica suhog lišća bosiljka
- 1/2 žličice sjemenki gorušice
- 2 žlice maslaca, otopljenog
- 1 stabljika celera, tanko narezana
- 1 velika mrkva, narezana na ploške
- 8 unci gljiva, tanko narezanih
- 1 šalica ljutike, sitno nasjeckane
- 1 režanj češnjaka nasjeckan
- 1 šalica svijetle kreme
- 1 šalica punomasnog mlijeka
- 4 jaja, lagano tučena
- 1/2 žličice soli
- 1/4 žličice mljevenog crnog papra
- 1/4 šalice provolone sira, nasjeckanog

upute

1. Poprskajte kockice kruha neljepljivim sprejom za kuhanje; pospite bosiljkom i sjemenkama gorušice i promiješajte.

2. Pecite na limu za kolačiće na 375 stupnjeva F oko 15 minuta ili dok ne porumene.

3. Zagrijte maslac u jakoj tavi. Pržite celer, mrkvu, gljive, ljutiku i češnjak oko 8 minuta.

4. U velikoj zdjeli pomiješajte preostale sastojke osim Provolone sira; dodajte maslacem namazane kockice kruha i popženo povrće.

5. Žlicom stavljajte u namašćenu posudu za kuhanje; pospite nasjeckanim provolone sirom i ostavite u hladnjaku preko noći. Kuhajte ispod poklopca na jakoj vatri oko 5 sati.

Kukuruz i krumpir sa škampima

(Spremno za oko 2 sata | Za 8 porcija)

Sastojci

- 4 klasja kukuruza, razdvojena
- 2 funte crvenog krumpira, oguljenog i narezanog na četvrtine
- 1/4 šalice začina za temeljac od kozica
- 1 žlica sjemenki celera
- 1 žličica suhog lišća bosiljka
- 4 poriluka narezana na tanke ploške
- Voda, po potrebi
- 1 ½ funte srednjih škampa

upute

1. Sve sastojke osim škampa stavite u lonac.
2. Kuhajte na jakoj vatri 2-2,5 sata.
3. Dodajte škampe; nastavite kuhati 20 minuta ili dok škampi nisu potpuno kuhani. Poslužite toplo.

Bogata i zdrava ljetna paella

(Spremno za oko 6 sati | Za 12 porcija)

Sastojci

- 1 žlica ekstra djevičanskog maslinovog ulja
- 2 srednje glavice luka, narezane na ploške
- 3 češnja češnjaka nasjeckana
- 1 kg ljute kobasice
- 2 kilograma rajčice, narezane na kockice
- 2 šalice pileće juhe
- 2 šalice soka od školjki
- 1 šalica suhog vermuta
- 2 ½ šalice riže, nekuhane
- 1/2 žličice mljevenog kima
- 1/2 žličice kumina
- 1 žličica šafrana
- Morska sol, po ukusu
- 1/4 žličice mljevenog crnog papra
- 2 žlice maslinovog ulja
- 1 funta ribe, narezane na kockice
- 1 funta škampa

- 1 funta svježih dagnji
- 1 zelena paprika, nasjeckana
- 1 šalica svježeg zelenog graška

upute

1. Zagrijte maslinovo ulje u jakoj tavi na srednje jakoj vatri; zatim pržite luk, češnjak i kobasicu dok se kobasica ne zapeče i ne raspadne. Ocijedite i stavite u lonac.

2. Umiješajte rajčice, pileću juhu, sok od školjki, vermut, rižu, kim, kumin, šafran, sol i crni papar; poklopite i kuhajte na laganoj vatri 6 sati.

3. U istoj tavi zagrijte 2 žlice ulja; dinstati ribu i škampe. Premjestiti u lonac. Dodajte preostale sastojke i kuhajte dok ne skuhaju. Poslužite toplo.

Zec u umaku od kokosa

(Spremno za oko 6 sati | Za 8 porcija)

Sastojci

- 1 šalica kokosovog mlijeka
- 1 šalica vode
- 3 srednje rajčice, nasjeckane
- 2 poriluka nasjeckana
- 1 čajna žličica soli
- 1 list lovora
- 1/2 žličice mljevenog crnog papra
- 1/2 žličice mljevene crvene paprike
- 3 funte zečjeg mesa, izrezanog na komade veličine porcija

upute

1. Pomiješajte sve sastojke zajedno u loncu.
2. Poklopite i kuhajte na laganoj vatri 5-6 sati.
3. Poslužite preko rezanaca ili kuhane riže.

Vegetarijanska musaka od krumpira i patlidžana

(Spremno za oko 7 sati | Za 8 porcija)

Sastojci

- 1 šalica suhe smeđe leće, isprane i ocijeđene
- 3 srednja krumpira, oguljena i narezana na ploške
- 1 šalica vode
- 1 kocka temeljca
- 1 stabljika celera, sitno nasjeckana
- 1 srednji luk, narezan na ploške
- 3 češnja češnjaka nasjeckana
- 1/2 žličice soli
- 1/4 žličice svježe mljevenog crnog papra
- 1/4 žličice mljevenog cimeta
- 1 žličica talijanskog začina
- 1 šalica mrkve, narezane na ploške
- 1 srednji patlidžan, nasjeckan
- 1 šalica nasjeckanih rajčica
- 1 šalica krem sira, omekšalog
- 2 velika jaja

upute

1. Rasporedite sastojke u lonac na sljedeći način: leća, krumpir, voda, kocka temeljca, celer, luk, češnjak, sol, papar, cimet, talijanski začini, mrkva i patlidžan.

2. Poklopite i kuhajte na laganoj vatri 6 sati.

3. Umiješajte rajčice narezane na kockice, krem sir i jaja. Poklopite i kuhajte na laganoj vatri još sat vremena.

Pileći bataci u kariju s krumpirom

(Spremno za oko 8 sati | Za 8 porcija)

Sastojci

- 1 žlica curry praha
- 1 žličica mljevenih klinčića
- 1 žličica mljevenog muškatnog oraščića
- 1 žličica mljevenog đumbira
- 2 kilograma pilećih bataka, bez kostiju, kože, narezanih na kockice
- 1 žličica maslinovog ulja
- 1 srednji žuti luk, nasjeckan
- 2 češnja češnjaka nasjeckana
- 1 čili papričica, nasjeckana
- 1 ½ funte krumpira s crvenom korom, narezanog na kockice
- 1 šalica kokosovog mlijeka

upute

1. U srednjoj posudi za miješanje pomiješajte curry prah, klinčiće, muškatni oraščić i đumbir. Pileće batake narežite na komade veličine zalogaja. Dodajte piletinu u zdjelu; baciti da se ravnomjerno prekrije.

2. Zagrijte maslinovo ulje u tavi; pržite začinjene komade piletine dok ne počnu rumeniti. Dodajte u lonac.

3. Dodajte ostale sastojke. Promiješajte da se sjedini. Kuhajte na laganoj vatri oko 8 sati.

Ukusan noćurak u Clafoutu

(Spremno za oko 3 sata | Za 4 osobe)

Sastojci

- 2 žarulje, sa jezgrom
- 1/2 šalice rižinog brašna
- 1/2 šalice škroba arrowroota
- 1 čajna žličica sode bikarbone
- 1 žličica praška za pecivo
- 1/2 žličice ksantanske gume
- Prstohvat soli
- 1/4 šalice šećera
- 1 žličica klinčića
- 1/2 žličice naribanog muškatnog oraščića
- 1 žličica mljevenog cimeta
- 2 žlice otopljenog biljnog mlijeka
- 2 jaja
- 1 šalica mlijeka
- Javorov sirup za dekoraciju

upute
1. Kruške narežite na komade i stavite u lonac.

2. U velikoj zdjeli za miješanje pjenasto pomiješajte rižino brašno, škrob od marante, sodu bikarbonu, prašak za pecivo, ksantan gumu, sol, šećer, klinčiće, muškatni oraščić i cimet.

3. Za izradu tijesta napravite udubinu u sredini suhih sastojaka; dodajte jaja i mlijeko. Dobro promiješajte.

4. Prelijte tijesto preko komadića krušaka u loncu. Štapićem za jelo raspirite poklopac lonca.

5. Kuhajte na jakoj vatri 3 sata. Poslužite s javorovim sirupom.

Večernji rižoto s jabukama

(Spremno za oko 9 sati | Za 6 osoba)

Sastojci

- 1/4 šalice maslaca, otopljenog
- 1 ½ šalice Carnaroli riže
- 3 jabuke, oguljene, očišćene od koštice i narezane na ploške
- 1/4 žličice mljevenog klinčića
- 1 žličica mljevenog cimeta
- 1/4 žličice košer soli
- 1/3 šalice smeđeg šećera
- 1 šalica vode
- 2 šalice punomasnog mlijeka
- 1 šalica soka od jabuke

upute

1. Dodajte maslac i rižu u svoj lonac; promiješajte da se obloži.
2. Dodajte preostale sastojke; dobro promiješajte.
3. Poklopite i kuhajte na laganoj vatri 9 sati. Poslužite toplo.

Tepsija od sira i kruha

(Spremno za oko 3 sata | Za 8 porcija)

Sastojci

- 1 žlica maslaca, otopljenog
- 8 oz Gruyère sira, naribanog
- 8 unci krem sira, naribanog
- 8 kriški kruha
- 2 šalice mlijeka
- 4 jaja
- Sol, po ukusu
- 1/2 žličice sušenog bosiljka
- 1/4 žličice paprike
- Dodajte nasjeckani svježi vlasac

upute

1. Lonac premažite maslacem.

2. U posudi za miješanje pomiješajte sireve; pričuva.

3. Kriške kruha natrgajte na komade; uzeti u lonac. Stavite smjesu sira na sloj kruha. Izmjenjujte slojeve, završavajući s kruhom.

4. U maloj zdjeli za miješanje pomiješajte preostale sastojke osim vlasca. Sipati u lonac u slojevima.

5. Stavite lonac na nisku temperaturu i kuhajte 3 sata. Poslužite sa svježim vlascem i uživajte!

Sendviči na francuski način

(Spremno za oko 2 sata | Za 12 porcija)

Sastojci

- 1 cl poriluka nasjeckanog
- 1 goveđi temeljac okruglo pečenje
- 1 šalica vode
- 1/2 šalice suhog crnog vina
- 1 omotnica ili mješavina umaka
- Sol, po ukusu
- 1/4 žličice svježe mljevenog crnog papra
- 1/4 žličice mljevene crvene paprike
- francuski kruh

upute

1. Porilukom obložite dno lonca.
2. Dodajte poriluk u posudu za pečenje.
3. Zatim dodajte ostale sastojke osim kruha; otvorite poklopac i kuhajte na laganoj vatri 2 sata.
4. Odrezak narežite na tanke ploške. Poslužite na francuskom kruhu. Koristite umak za umakanje.

Bratwurst i pita od kiselog kupusa

(Spremno za oko 2 sata i 30 minuta | Za 6 obroka)

Sastojci

- 2 žlice maslinovog ulja
- 2 kilograma kiselog kupusa, ocijeđenog
- 1 velika jabuka, očišćena od jezgre i nasjeckana
- 1 žličica mljevenog kima
- 1 žličica sjemenki celera
- 6 mljevenih kolača
- 1/2 šalice suhog bijelog vina
- 2 lista lovora
- 5-6 zrna crnog papra
- 1 žlica senfa
- 6 pita kruhova

upute

1. Zagrijte maslinovo ulje u jakoj tavi na srednje jakoj vatri. Pirjajte kiseli kupus i jabuku dok kupus ne omekša, a tekućina se reducira. Dodajte kumin i sjemenke celera i lagano miješajte dok ne postane glatko.

2. Brawurst zapržite sa svih strana u zasebnoj neprianjajućoj tavi na srednjoj vatri; drenaža. Ulijte bijelo vino; dodati lovor i papar u zrnu; kuhati još 10 minuta.

3. Za izradu sendviča: pečenice i kiseli kupus uvaljajte u pita kruh. Dodajte senf i zamotajte sendviče u aluminijsku foliju. Nalijte vode da prekrije dno lonca.

4. Stavite sendviče u lonac. Zagrijte na visokoj temperaturi oko 2 sata.

Romantična zimska večera

(Spremno za oko 2 sata i 20 minuta | Za 6 obroka)

Sastojci
- 6 pikantnih kobasica
- 6 dugih kiflica od dizanog tijesta
- 2 žlice senfa
- 2 žlice kečapa od rajčice
- 6 kiselih krastavaca narezanih

upute

1. Zagrijte tavu koja se ne lijepi na srednje jakoj vatri. Zatim temeljito pržite kobasice i zapržite ih; drenaža.

2. Zatim odrežite krajeve kiflica od dizanog tijesta. Napravite sendviče s kobasicama i senfom.

3. Zatim zamotajte sendviče u foliju; postavi lonac na željezo. Zatim oko dna podloge zalijte mlakom vodom.

4. Poklopite i kuhajte na jakoj vatri 2 sata. Poslužite uz kečap i kisele krastavce.

Napeta piletina s tikvicama

(Spremno za oko 4 sata | Za 6 osoba)

Sastojci

- 3 srednja pileća prsa, podijeljena
- 1 šalica bademovog mlijeka
- 1/4 šalice vode
- 1/4 šalice soka od limuna
- 2 češnja češnjaka nasjeckana
- 1 srednja glavica luka, nasjeckana
- Sol, po ukusu
- Crvena paprika, po ukusu
- 1 žličica mljevenog đumbira
- 1 žličica mljevenog kima
- 1 kg tikvica narezanih
- 1 žlica kukuruznog brašna
- 2 žlice vode
- 1/3 šalice svježeg peršina, nasjeckanog
- 4 šalice riže, kuhane

upute

1. U lonac stavite sve sastojke osim tikvica, kukuruzne krupice, vode, peršina i riže.

2. Poklopite i kuhajte na laganoj vatri oko 4 sata, dodajući tikvice tijekom zadnjih 30 minuta kuhanja. Pileća prsa rezervirajte.

3. Pojačajte vatru i nastavite kuhati 10 minuta; umiješajte kukuruzno brašno i vodu, miješajući oko 3 minute.

4. Pospite peršinom; poslužite preko riže.

Svečane Cornish kokoši

(Spremno za oko 6 sati | Za 4 osobe)

Sastojci
- 2 smrznute Cornish kokoši, odmrznute
- 1/2 žličice morske soli
- 1/4 žličice mljevenog crnog papra
- 1/2 žličice kajenskog papra
- 1 režanj češnjaka nasjeckan
- 1/3 šalice pileće juhe
- 2 žlice kukuruznog brašna
- 1/4 šalice vode

upute

1. Pospite Cornish kokoši solju, crnim paprom i cayenne; dodajte nasjeckani češnjak i stavite u lonac. Ulijte pileći temeljac.

2. Poklopite i kuhajte na laganoj vatri 6 sati. Izvadite Cornish kokoši i rezervirajte.

3. Pomiješajte izmiješano kukuruzno brašno i vodu, miješajući 2-3 minute; servirati.

Losos s umakom od kapara

(Spremno za oko 45 minuta | Za 4 osobe)

Sastojci
- 1/2 šalice suhog bijelog vina
- 1/2 šalice vode
- 1 žuti luk tanko narezan
- 1/2 žličice soli
- 1/4 žličice crnog papra
- 4 odreska lososa
- 2 žlice maslaca
- 3 žlice brašna
- 1 šalica pileće juhe
- 2 žličice soka od limuna
- 3 žlice kapara

upute

1. U loncu pomiješajte vino, vodu, luk, sol i crni papar; poklopite i kuhajte na jakoj vatri 20 minuta.

2. Dodajte odreske lososa; poklopite i kuhajte na jakoj vatri dok losos ne omekša, odnosno oko 20 minuta.

3. Za pripremu umaka rastopite maslac u maloj tavi na srednjoj vatri. Umiješajte brašno i kuhajte 1 minutu.

4. Ulijte pileći temeljac i limunov sok; tucite 1 do 2 minute. Dodajte kapare; poslužite umak s lososom.

Grdobina s sirom i cvjetačom

(Spremno za oko 8 sati | Za 4 osobe)

Sastojci

- 1 limenka (14 oz) pileće juhe sa smanjenim sadržajem natrija
- 1 funta Yukon krumpira, oguljenog i narezanog na kockice
- 1/2 šalice zelenog luka, nasjeckanog
- 1 velika mrkva, nasjeckana
- 1/2 glavice cvjetače izlomljene na cvjetiće
- 1 funta grdobine, narezane na kockice
- Sol, po ukusu
- Mljevene crvene paprike, po ukusu
- 3/4 žličice umaka od ljutih papričica
- 1/2 šalice sira cheddar smanjene masnoće, nasjeckanog

upute

1. Stavite prvih pet sastojaka u svoj lonac. Postavite lonac na nisko; kuhati oko 8 sati.

2. Zatim skuhanu smjesu obradite u multipraktiku dok ne postignete željenu gustoću; natrag u lonac.

3. Dodajte preostale sastojke osim ljutog umaka i sira; nastavite kuhati na niskoj razini još 15 minuta.

4. Dodajte umak od ljutih papričica i sira; ostavite da stoji dok se cheddar sir ne otopi. Poslužite toplo ili na sobnoj temperaturi.

Srdačna kora iverka

(Spremno za oko 6 sati | Za 4 osobe)

Sastojci
- 2 šalice soka od školjki
- 3 krumpira srednje veličine, oguljena i narezana na kockice
- 1 šalica cvjetića brokule
- 1 šalica zelenih mahuna
- 1 cl poriluka nasjeckanog
- 1 mrkva, nasjeckana
- 1 rebro celera, nasjeckano
- 1 češanj češnjaka, zgnječen
- 1/2 žličice suhih listova mažurana
- 1/4 žličice crne, mljevene
- 1/4 žličice suhe gorušice
- 2 šalice punomasnog mlijeka
- 8 unci fileta iverka, oguljenih i narezanih na kockice
- 4 unce mesa rakova
- Celer sol po ukusu
- 1/4 žličice bijelog papra

upute

1. U lonac ulijte sok od školjki, krumpir, brokulu, mahune, poriluk, mrkvu, celer, češnjak, mažuran, muškatni oraščić i suhu gorušicu.

2. Stavite lonac na nisku temperaturu i kuhajte oko 6 sati.

3. Dodajte mlijeko i nastavite kuhati još 30 minuta. Povećajte toplinu na visoku; zadnjih 15 minuta dodajte filete iverka, meso rakova, sol celera i bijeli papar.

4. Podijelite u zdjelice za juhu i po želji poslužite s krutonima.

Bogata juha od plodova mora sa slaninom

(Spremno za oko 5 sati | Za 4 osobe)

Sastojci
- 1 ½ šalice soka od školjki
- 1/4 šalice suhog vina od višanja
- 4 velika Yukon Gold krumpira, oguljena i narezana na kockice
- 1 veliki slatki luk, nasjeckan
- 1 rebro celera, nasjeckano
- 1 rutabaga, nasjeckana
- 1 šalica mlijeka sa smanjenom masnoćom od 2%.
- 1 funta iverka, narezanog na kockice
- Nekoliko kapi Tabasco umaka
- 3/4 žličice naribane kadulje
- 1 žličica suhih peršinovih listića
- Sol, po ukusu
- Paprika po ukusu
- 2 kriške kuhane slanine, izmrvljene

upute

1. Prvo stavite prvih šest sastojaka u lonac.

2. Zatim kuhajte na najjačoj temperaturi 4-5 sati. Gotovu juhu prebacite u blender ili multipraktik; dodajte mlijeko i miješajte dok se dobro ne sjedini; natrag u lonac.

3. Dodajte preostale sastojke osim izmrvljene slanine. Nastavite peći još 15 minuta.

4. Podijelite juhu u četiri zdjelice za posluživanje, pospite slaninom i uživajte!

Osvježavajuća riblja korica s jajetom

(Spremno za oko 8 sati | Za 6 porcija)

Sastojci

- 2 šalice vode
- 1 žličica koncentrata pilećeg temeljca
- 2 velika slatka krumpira, narezana na kockice i oguljena
- 1 šalica mrkve, prepolovljena
- 1/2 šalice poriluka, nasjeckanog
- 3/4 žličice osušene trave kopra
- 1/2 žličice mljevene crvene paprike
- 2 šalice mlijeka s 2% smanjene masnoće, podijeljene
- 1 ½ funte ribljih fileta bez kože po želji, narezanih na kriške
- 1 šalica krastavca, očišćenog od sjemenki i nasjeckanog
- 1 žlica soka limete
- Celer sol po ukusu
- Nasjeckani vlasac, za ukras
- Kriške tvrdo kuhanog jaja za ukras

upute

1. Pomiješajte prvih sedam sastojaka u svom loncu; kuhajte na laganoj vatri 6-8 sati.

2. Zadnjih 30 minuta dodajte mlijeko. Zadnjih 10 minuta kuhanja promiješajte ribu i krastavac.

3. Dodajte sok limete i sol celera i miješajte dok smjesa ne postane glatka.

4. Ukrasite zdjelice za juhu vlascem i kriškama tvrdo kuhanih jaja.

Začinjeni čili od slatkog krumpira

(Spremno za oko 8 sati | Za 6 porcija)

Sastojci

- 1 funta pilećih prsa, bez kostiju i kože
- 2 šalice pileće juhe
- 1 žlica jabučnog octa
- 2 šalice konzerviranog graha, ispranog i ocijeđenog
- 1 šalica mladog luka, nasjeckanog
- 2 češnja češnjaka nasjeckana
- 1 šalica šampinjona, narezanih na ploške
- 1 mrkva, tanko narezana
- 2 srednja slatka krumpira, oguljena i narezana na kockice
- 3/4 žličice jalapeño čilija
- 1 ½ žličice korijena đumbira
- 1 žličica, mljevenog kima
- 1/2 žličice mljevenog korijandera
- 1/2 žličice papra
- Sol, po ukusu
- Mljeveni crni papar, po ukusu
- Kiselo vrhnje za dekoraciju

upute
1. Pomiješajte sve sastojke osim kiselog vrhnja u svom loncu.

2. Poklopite i kuhajte na laganoj vatri 6-8 sati.

3. Poslužite uz kiselo vrhnje i uživajte.

Čili s puretinom i pečenom paprikom

(Spremno za oko 8 sati | Za 6 porcija)

Sastojci

- 1 funta mljevene puretine
- 1 ½ šalice pirjanih rajčica iz konzerve
- 1 konzerva (15 oz.) crvenog graha, ispranog i ocijeđenog
- 1 mala jalapeño papričica, nasjeckana
- 1 šalica crvenog luka, nasjeckanog
- 1/2 šalice pečene crvene paprike, grubo nasjeckane
- 1/2 žlice čilija u prahu
- 1/4 žličice mljevenog cimeta
- Celer sol, po ukusu
- Crni papar, po ukusu
- Dimljena paprika po ukusu

upute

1. Zagrijte tavu koja se ne lijepi na srednje jakoj vatri. Zapržite puretinu, razbijajući je vilicom, oko 5 minuta. Zaprženu mljevenu junetinu prebacite u lonac.

2. Dodajte preostale sastojke; poklopite i kuhajte na laganoj vatri oko 8 sati.

3. Po želji poslužite uz kukuruzni čips.

Čili od crnog graha s tikvicom

(Spremno za oko 8 sati | Za 6 porcija)

Sastojci

- 1 funta mljevene govedine
- 2 šalice soka od rajčice
- 1 šalica umaka od krupnih rajčica
- 1 šalica vode
- 1 žlica limete
- 1 ½ šalice konzerviranog crnog graha, ispranog i ocijeđenog
- 2 šalice luka, nasjeckanog
- 2 češnja češnjaka nasjeckana
- 1/2 šalice celera, narezanog na kockice
- 2 šalice bundeve
- 1 šalica tikvica
- 1 šalica gljiva
- 1 mali jalapeño čili, sitno nasjeckan
- 1 ½ žličice čilija u prahu
- 1 morska sol
- 1/4 žličice mljevenog crnog papra
- 6 kriški limete

upute
1. Prvo pržite mljevenu junetinu u tavi s neprijanjajućim premazom oko 8 minuta, razbijajući je vilicom. Premjestiti u lonac.

2. Umiješajte preostale sastojke osim kriški limete; stavite lonac na nisku temperaturu i kuhajte 6-8 sati.

3. Poslužite s kriškama limete.

Puretina i Cannellini mahunarke

(Spremno za oko 8 sati | Za 6 porcija)

Sastojci

- 1 kilogram nemasne mljevene junetine
- 2 šalice umaka od rajčice
- 2 šalice cannellini graha
- 1 šalica mladog luka, nasjeckanog
- 1 režanj češnjaka nasjeckan
- 1 žlica čilija u prahu
- 2 žličice smeđeg šećera
- 1 žličica sjemenki celera
- 1 žličica mljevenog kima
- Sol, po ukusu
- Mljeveni crni papar, po ukusu

upute

1. Kuhajte mljevenu govedinu u tavi od lijevanog željeza na srednjoj vatri 8-10 minuta ili dok ne porumeni.

2. Dodajte ostale sastojke i kuhajte na laganoj vatri 6-8 sati.

3. Gotov čili raspodijelite u šest zdjelica za juhu i poslužite toplo uz omiljenu salatu.

Lagani čili od govedine i svinjetine

(Spremno za oko 8 sati | Za 6 porcija)

Sastojci

- 1 žlica maslinovog ulja
- 1 funta nemasne govedine
- 1/2 funte mljevene svinjetine
- 2 šalice pinto graha, ispranih i ocijeđenih
- 2 šalice pirjanih rajčica
- 2 šalice kukuruza s cijelim zrnom
- 1 cl poriluka nasjeckanog
- 1/2 šalice nasjeckane crvene paprike
- 2 žlice mješavine začina za taco
- Posolite po ukusu
- Crni papar po ukusu
- Paprika po ukusu
- Kiselo vrhnje smanjene masnoće, za dekoraciju
- Kolačići, za ukras

upute

1.Zagrijte maslinovo ulje u širokom loncu. Zatim kuhajte mljeveno meso i svinjetinu oko 10 minuta. Izmrvite vilicom.

2.Dodajte preostale sastojke osim kiselog vrhnja i kolačića; poklopite i kuhajte na laganoj vatri oko 8 sati.

3.Podijelite u zdjelice za posluživanje, poslužite s kiselim vrhnjem i kolačićima.

Čili na talijanski način

(Spremno za oko 8 sati | Za 8 porcija)

Sastojci

- 12 unci nemasne mljevene puretine
- 3 šalice vode
- 1 konzerva (28 oz.) zgnječenih rajčica
- 1 crvena paprika, narezana na ploške
- 1 žuta paprika, narezana na ploške
- 1/2 šalice luka, nasjeckanog
- 3 češnja češnjaka nasjeckana
- 1 žličica mljevenog kima
- 2 žlice čilija u prahu
- 1 suhi peršin
- 2 žličice suhih listova origana
- 1 žličica pimenta
- Sol, po ukusu
- 1/4 žličice crnog papra
- 1 kg špageta, kuhanih
- Cheddar sir smanjene masnoće, narezan

upute

1. Zapržite mljevenu puretinu u velikoj tavi koja se ne lijepi na srednjoj vatri oko 5 minuta.

2. Pomiješajte puretinu s preostalim sastojcima u loncu, osim špageta i cheddar sira; kuhati na laganoj vatri 8 sati.

3. Poslužite uz špagete i cheddar sir.

Obiteljski omiljeni čili

(Spremno za oko 8 sati | Za 8 porcija)

Sastojci

- 1 funta mljevene govedine
- 1 šalica luka, nasjeckanog
- 1 zelena paprika, nasjeckana
- 1 crvena paprika, nasjeckana
- 1 poblano paprika, nasjeckana
- 2 češnja češnjaka nasjeckana
- 2 žličice mljevenih sjemenki kumina
- 1 žličica suhih listova origana
- 1 žličica suhog lišća bosiljka
- 1/2 žličice naribanog đumbira
- 1 žlica korijandera
- 2 šalice rajčica, ocijeđenih i narezanih na kockice
- 1 šalica vode
- 1 konzerva (15 oz.) pinto graha, isprana i ocijeđena
- 1/4 šalice kečapa od rajčice
- 3/4 šalice piva
- 1 žlica nezaslađenog kakaa

- Sol, po ukusu
- Crni papar, po ukusu
- Paprika, po ukusu
- Kiselo vrhnje za dekoraciju

upute

1. Prvo skuhajte mljevenu govedinu u lagano podmazanoj posudi za umake na srednjoj vatri. Pecite dok govedina ne porumeni i bude kuhana, ili oko 10 minuta.

2. Dodajte govedinu u lonac. Zatim dodajte ostale sastojke u lonac, osim kiselog vrhnja; poklopite i kuhajte na laganoj vatri oko 8 sati.

3. Svaku zdjelicu čilija ukrasite kiselim vrhnjem.

Jednostavan chili od fileta

(Spremno za oko 6 sati | Za 4 osobe)

Sastojci

- 1 funta svinjskog filea, narezanog na kockice
- 1 limenka (15 oz.) povrtne juhe bez masti sa smanjenim udjelom natrija
- 1 konzerva (15 oz) graha, ispranog
- 1 kg narezanih rajčica šljiva
- 1 veliki jalapeño čili, nasjeckan
- 1 žlica čilija u prahu
- 1 žličica prženih sjemenki kumina
- Sol, po ukusu
- Crni papar, po ukusu
- Kajenski papar po ukusu
- Kukuruzni čips, za ukras

upute

1. Pomiješajte sve sastojke osim kukuruznog čipsa u loncu.
2. Kuhajte ispod poklopca na jakoj vatri oko 6 sati.
3. Poslužite uz kukuruzni čips i uživajte!

Ukusna juha od graha od rajčice

(Spremno za oko 7 sati | Za 6 porcija)

Sastojci

- 1 litra pileće juhe
- 2 konzerve (15 oz.) graha, ispranog, ocijeđenog
- 1 šalica kuhane slanine, nasjeckane
- 1 funta janjetine, narezane na kockice
- 1 šalica mladog luka
- 1 rebro celera, nasjeckano
- 1 velika mrkva, nasjeckana
- 1 režanj češnjaka nasjeckan
- 1 žličica talijanske mješavine začina
- 3 romske rajčice, nasjeckane
- Sol, po ukusu
- Crni papar, po ukusu
- Kajenski papar, po ukusu
- Kolačići, za ukras

upute
1. Pomiješajte sve sastojke osim keksa u loncu.

2. Zatim poklopite i kuhajte na laganoj vatri oko 7 sati.

3. Poslužite uz kolačiće i uživajte!

Janjetina s čili šunkom

(Spremno za oko 8 sati | Za 6 porcija)

Sastojci

- 1 litra juhe od povrća
- 2 limenke (15 oz.) pinto graha, isprane, ocijeđene
- 1 šalica djelomično kuhane šunke, narezane na kockice
- 1 funta janjetine, narezane na kockice
- 1 veliki crveni luk, sitno nasjeckan
- 2 češnja češnjaka nasjeckana
- 1 velika mrkva, nasjeckana
- 1 rebro celera, nasjeckano
- 1 žličica talijanske mješavine začina
- 1 šalica umaka od rajčice
- Sol, po ukusu
- Crni papar, po ukusu
- Kajenski papar, po ukusu
- Kiselo vrhnje za dekoraciju

upute

4. Sve sastojke osim kiselog vrhnja stavite u lonac.

5. Postavite lonac na nisko; kuhajte čili 7-8 sati.

6. Ukrasite kiselim vrhnjem i poslužite.

Krem juha od povrća

(Spremno za oko 4 sata | Za 4 osobe)

Sastojci
- 2 šalice juhe od povrća
- 2-3 glavice luka nasjeckane
- 3/4 šalice gljiva, tanko narezanih
- 1 šalica smrznutih srca artičoka, odmrznuta i sitno nasjeckana
- 1 šalica svijetle kreme
- 2 žlice kukuruznog škroba
- Sol, po ukusu
- Crni papar, po ukusu
- Crvena paprika za dekoraciju

upute

1. Pomiješajte prva četiri sastojka u svom loncu; poklopite i kuhajte na jakoj 4 sata.

2. Pomiješajte svijetlo vrhnje i kukuruzni škrob. Dodajte ovu smjesu u lonac, miješajući 2-3 minute.

3. Začinite solju i crnim paprom. Svaku zdjelu juhe pospite listićima crvene paprike.

Jesenska juha od prokulice

(Spremno za oko 4 sata | Za 4 osobe)

Sastojci

- 1 funta prokulice, prepolovljene
- 1/2 šalice slatkog luka, nasjeckanog
- 1 režanj češnjaka nasjeckan
- 1 žličica luka u prahu
- 1 žličica sjemenki celera
- 1/2 žličice suhih listova ružmarina
- 1 šalica juhe od povrća
- 1 šalica mlijeka sa smanjenom masnoćom od 2%.
- Sol, po ukusu
- Crni papar, po ukusu
- Dodajte mljeveni muškatni oraščić

upute

1. U lonac dodajte prokulice, slatki luk, češnjak, luk u prahu, sjemenke celera, ružmarin i juhu od povrća; poklopite i kuhajte na jakoj vatri 3-4 sata.

2. Ulijte juhu u multipraktik ili blender. Dodati mlijeko smanjene masnoće 2%. Miješajte dok ne dobijete glatku konzistenciju.

3. Začinite solju i crnim paprom. Podijelite u četiri zdjelice za juhu i lagano pospite muškatnim oraščićem; servirati.

Vegetarijanska krem juha od kukuruza

(Spremno za oko 4 sata i 30 minuta | Za 4 osobe)

Sastojci

- 3 ½ šalice juhe od povrća
- 1/2 šalice mladog luka, nasjeckanog
- 1 velika mrkva, nasjeckana
- 2 srednja krumpira, oguljena i narezana na kockice
- 1 režanj češnjaka nasjeckan
- 1 limenka (151/2 oz) cjelovitog kukuruza, ocijeđenog
- 1 šalica mlijeka smanjene masnoće
- 2 žlice kukuruznog škroba
- Celer sol, po ukusu
- Bijeli papar, po ukusu
- Paprika, za dekoraciju
- Kiselo vrhnje za dekoraciju

upute
1. Pomiješajte povrtni temeljac, mladi luk, mrkvu, krumpir i češnjak.

2. Poklopite i kuhajte na najjačoj temperaturi 4 sata. Pasirajte juhu u multipraktiku dok ne postane kremasta i glatka; natrag u lonac.

3. Dodajte zrna kukuruza i nastavite kuhati na najjačoj temperaturi još 30 minuta. Zatim dodajte mlijeko smanjene masnoće i kukuruzni škrob, neprestano miješajući 3 minute. Pospite celerom, soli i bijelim paprom i ponovno promiješajte. Ukrasite paprikom i vrhnjem.

Bogata juha od krumpira-Pistou

(Spremno za oko 4 sata i 20 minuta | Za 6 obroka)

Sastojci

- 2 litre vode
- 1 omotnica mješavina za juhu od luka
- 2 šalice luka, nasjeckanog
- 5 češnja češnjaka, nasjeckati
- 4 Yukon Gold krumpira, oguljena i narezana na kockice
- 5 očišćenih od sjemenki i nasjeckanih rajčica
- 2 srednje tikvice, narezane na ploške
- 3/4 žličice sjemenki celera
- 1 žličica suhog lišća bosiljka
- 1/4 šalice parmezana, naribanog
- Sol, po ukusu
- Crni papar, po ukusu
- Crvena paprika u listićima, za ukras

upute

1. Pomiješajte vodu, mješavinu juhe od luka, luk, češnjak, krumpir, rajčicu, tikvice, sjemenke celera i listove bosiljka u loncu.

2. Zatim stavite lonac na najjače i kuhajte 3-4 sata.

3. Zatim dodajte juhu u multipraktik. Umiješajte preostale sastojke osim pahuljica crvene paprike; miješajte dok ne postignete željenu konzistenciju.

4. Krem juhu vratite u lonac; poklopite i kuhajte na najjačoj temperaturi još 15-20 minuta; pospite listićima crvene paprike i poslužite toplo.

Osvježavajuća juha od pečene crvene paprike

(Spremno za oko 3 sata | Za 4 osobe)

Sastojci

- 1 ½ šalice juhe od povrća
- 3/4 šalice konzervirane pečene crvene paprike
- 1 žlica balzamičnog octa
- 1 šalica vode
- 1/2 šalice luka, nasjeckanog
- 1 krastavac, nasjeckan
- 1 šalica krumpira, narezanog na kockice
- 1 žličica mljevene pimente
- Sol, po ukusu
- Bijeli papar, po ukusu
- Paprika, po ukusu
- 1 ½ šalice običnog jogurta
- 2 žlice kukuruznog škroba

upute

1. Pomiješajte sve sastojke osim jogurta i kukuruznog škroba u loncu; poklopite i kuhajte na jakoj temperaturi oko 3 sata.

2. Dodajte pomiješani jogurt i kukuruzni škrob 2-3 minute, neprestano miješajući.

3. Pasirajte smjesu u procesoru hrane dok ne bude glatka, kremasta i glatka; ohladite i poslužite ohlađeno.

Starinski juneći paprikaš

(Spremno za oko 8 sati | Za 4 osobe)

Sastojci

- 1 šalica goveđe juhe bez masti sa smanjenim udjelom natrija
- Goveđi okrugli odrezak od 1 funte, narezan na trakice
- 1/2 šalice suhog crnog vina
- 2 šalice zelenih mahuna
- 1 glavica luka sitno nasjeckana
- 2 krumpira srednje veličine
- 1 stabljika celera, nasjeckana
- 3 mrkve narezane na deblje ploške
- 1 žličica suhih listova mažurana
- 1 žličica suhih listova timijana
- 1 žličica sušene kadulje
- Sol i crni papar, po ukusu
- Kajenski papar, po ukusu

upute
1. Pomiješajte sve sastojke zajedno u loncu.

2. Poklopite i kuhajte na laganoj vatri 8 sati.

3. Poslužite vruće preko kuhanih rezanaca.

Začinjena juha od krastavaca

(Spremno za oko 3 sata | Za 4 osobe)

Sastojci

- 1 ½ šalice pileće juhe
- 2 žlice jabučnog octa
- 1 šalica vode
- 1/2 šalice luka, sitno nasjeckanog
- 1 krastavac, nasjeckan
- 1 žličica svježe trave kopra
- 1 šalica krumpira, narezanog na kockice
- 1 žličica mljevenog cimeta
- Sol, po ukusu
- Crni papar, po ukusu
- Crvena paprika u listićima, po ukusu
- 1 ½ šalice običnog jogurta
- 2 žlice kukuruznog škroba

upute

1. Stavite sve sastojke osim jogurta i kukuruznog škroba u lonac.

2. Poklopite i kuhajte na jakoj vatri oko 3 sata.

3. U posudi za mjerenje umutite jogurt s kukuruznim škrobom; dodajte u lonac i kuhajte, često miješajući, 2-3 minute.

4. Ulijte ovu smjesu u procesor hrane ili blender. Procesirajte dok ne postane glatka i kremasta; poslužiti ohlađeno.

Lagani ukusni goveđi gulaš

(Spremno za oko 5 sati | Za 6 porcija)

Sastojci

- 2 funte govedine, narezane na kocke
- 1 šalica goveđe juhe
- 1 slatka crvena paprika
- 1 šalica mladog luka, nasjeckanog
- 3 češnja češnjaka nasjeckana
- 1 pastrnjak, narezan na kockice
- 1 celer, nasjeckan
- 1/2 šalice suhog crnog vina ili goveđe juhe
- 2 crvena krumpira srednje veličine
- 2 žlice kečapa od rajčice
- 1 žlica jabučnog octa
- 1/2 žličice suhih listova ružmarina
- 2 velika lista lovora
- Sol, po ukusu
- Crni papar, po ukusu
- Paprika, po ukusu
- 2 žlice kukuruznog škroba

• 1/4 šalice hladne vode

upute

1. Stavite sve sastojke osim kukuruznog škroba i hladne vode u svoj lonac; poklopiti i kuhati na jakoj temperaturi 4-5 sati.

2. Pomiješajte izmiješani kukuruzni škrob i hladnu vodu, miješajući 2-3 minute. Odbacite lovorov list i po želji poslužite s rižom.

Zasitni pileći paprikaš

(Spremno za oko 6 sati | Za 4 osobe)

Sastojci

- 1 limenka (10 ¾ oz.) kondenzirane pileće juhe sa smanjenim udjelom natrija
- 1 ¼ šalice mlijeka sa smanjenom masnoćom od 2%.
- 1 šalica vode
- 1 crvena paprika, nasjeckana
- 1 zelena paprika, nasjeckana
- 1 poblano paprika, nasjeckana
- 1 funta pilećih prsa, bez kostiju, kože i narezanih na kockice
- 1 šalica luka, narezanog na ploške
- 1/2 šalice repe, nasjeckane
- 1/2 šalice mrkve, narezane na tanke ploške
- 1/2 žličice sušenog origana
- 1/2 žličice sušenog ružmarina
- 1/2 žličice soli celera
- 1/4 žličice mljevene crvene paprike
- 1/4 žličice mljevenog crnog papra
- 2 žlice kukuruznog škroba

- 1/4 šalice hladne vode

upute

1. U loncu pomiješajte pileću juhu, mlijeko i vodu.

2. Pomiješajte preostale sastojke osim kukuruznog škroba i vode; poklopite i kuhajte na laganoj vatri 5-6 sati.

3. Zatim dodajte izmiješani kukuruzni škrob i hladnu vodu, često miješajući 2-3 minute. Po želji poslužite uz kuhani krumpir.

Kobasica i pureći paprikaš

(Spremno za oko 5 sati | Za 4 osobe)

Sastojci

- 2 šalice dimljene puretine
- 2 šalice kolutova kobasica, narezanih
- 1 konzerva (28 oz) rajčice, narezane na kockice
- 2 pečena režnja češnjaka, neocijeđena
- 2 žlice suhog vermuta
- 1 šalica luka, nasjeckanog
- 1 šalica kukuruza s cijelim zrnom
- 1 paprika, nasjeckana
- 1/2 žličice suhih listova bosiljka
- 1/2 žličice suhih listova majčine dušice
- Sol, po ukusu
- Crni papar, po ukusu
- Nekoliko kapi Tabasco umaka

upute

1. Pomiješajte sve sastojke osim Tabasco umaka u loncu.
2. Poklopite i kuhajte na jakoj temperaturi 5 sati.
3. Prelijte tabasco umakom; servirati.

Gulaš od puretine i graha

(Spremno za oko 8 sati | Za 4 osobe)

Sastojci

- 1 funta purećih prsa, izrezanih na komade veličine zalogaja
- 2 šalice graha, ispranog i ocijeđenog
- 1 limenka (14 ½ oz) pilećeg temeljca
- 1 šalica soka od rajčice
- 2 šalice bundeve, oguljene i narezane na kockice
- 1 šalica luka, nasjeckanog
- 1 šalica batata, narezanog na kockice
- 1 jalapeño papričica, nasjeckana
- 1 žličica sjemenki celera, prepečenih
- Sol, po ukusu
- Crni papar, po ukusu
- 1/2 žličice sušenog bosiljka
- 1/2 žličice sušenog origana
- Svježi vlasac, za ukras
- 1/4 šalice pinjola, grubo nasjeckanih

upute
1. U lonac stavite sve sastojke osim svježeg vlasca i pinjola.

2. Poklopite i kuhajte na laganoj vatri oko 8 sati.

3. U svaku zdjelu za posluživanje pospite vlasac i nasjeckane pinjole.

Varivo od bakalara i škampa

(Spremno za oko 4 sata | Za 8 porcija)

Sastojci

- 1 šalica soka od školjki
- 1 konzerva (28 oz.) pirjanih rajčica
- 1/2 šalice suhog bijelog vina
- 1/2 šalice luka, sitno nasjeckanog
- 3 češnja češnjaka nasjeckana
- 1/2 žličice suhe majčine dušice
- 1 žličica sušenog bosiljka
- 1 žličica suhih listova origana
- 2 lista lovora
- Sol, po ukusu
- Crni papar, po ukusu
- 1 funta narezanih fileta bakalara
- 1 ½ šalice škampa, oguljenih i nasjeckanih

upute

1.Stavite sve sastojke osim fileta bakalara i škampa u lonac; poklopiti poklopcem.

2.Postavite lonac na najjaču temperaturu i kuhajte 3-4 sata, a zadnjih 15 minuta dodajte filete bakalara i kozice. Odbaciti lovorov list; poslužite uz kukuruzni kruh.

Ljetni pikantni riblji paprikaš

(Spremno za oko 5 sati i 15 minuta | Za 8 porcija)

Sastojci
- 1 šalica soka od školjki
- 1 šalica suhog bijelog vina
- 2 konzerve (14 ½ oz.) neocijeđene i narezane rajčice
- 1 cl poriluka nasjeckanog
- 1 režanj češnjaka nasjeckan
- 1/2 šalice komorača, tanko narezanog
- 1/2 glavice brokule nasjeckane
- 1/2 celera nasjeckanog
- 1 list lovora
- 1/2 žličice suhe majčine dušice
- 3/4 žličice kopra
- 1 žličica limunove korice, naribane
- 1/4 šalice nasjeckanog peršina
- 2 žlice korijandera
- Sol, po ukusu
- Crni papar, po ukusu
- Kajenski papar, po ukusu

- 1 kg ribljeg filea isječenog na kockice
- 8 unci škampa, oguljenih i narezanih na kockice
- 12 dagnji, bez ljuske

upute

1. Stavite sve sastojke osim plodova mora u lonac; poklopite i kuhajte na visokoj temperaturi 5 sati.

2. U lonac dodajte riblje filete, škampe i dagnje te nastavite kuhati još 15 minuta.

3. Odbacite lovorov list i poslužite toplo uz kuhanu rižu.

Vegetarijanska hrana za svako godišnje doba

(Spremno za oko 4 sata | Za 4 osobe)

Sastojci

- 1 ½ šalice juhe od povrća
- 1 šalica zelenih mahuna
- 1 šalica mladog krumpira
- 1/2 šalice mrkve, nasjeckane
- 1/2 repe nasjeckane
- 2 srednje rajčice šljive, nasjeckane
- 4 zelena luka, narezana na ploške
- 1/2 žličice suhih listova mažurana
- 4 kriške vegetarijanske slanine, pržene dok ne postanu hrskave, izmrvljene
- 1 šalica prokulica
- 10 šparoga, sitno narezanih
- 2 žlice kukuruznog škroba
- 1/4 šalice hladne vode
- 1/4 žličice mljevenog crnog papra
- Sol, po ukusu
- 1/4 žličice paprike

- 3 šalice kuhane smeđe riže, tople

upute

1. U loncu pomiješajte juhu od povrća, mahune, krumpir, mrkvu, repu, rajčicu, luk i listove mažurana.

2. Poklopite i kuhajte na najjačoj temperaturi oko 4 sata.

3. Zadnjih 30 minuta dodajte ostale sastojke osim kuhane riže.

4. Poslužite uz smeđu rižu i uživajte!

Vegansko varivo od pšeničnih bobica i leće

(Spremno za oko 8 sati | Za 8 porcija)

Sastojci
- 3 šalice juhe od povrća
- 1/2 šalice sušene leće
- 1 šalica pšeničnih bobica
- 1 ½ funte krumpira, narezanog na kockice
- 1 cl poriluka nasjeckanog
- 1 mrkva, nasjeckana
- 1 stabljika celera, nasjeckana
- 3 češnja češnjaka nasjeckana
- Celer sol, po ukusu
- Crni papar, po ukusu

upute
1. Stavite sve sastojke u svoj lonac; pokriti lonac poklopcem; kuhati oko 8 sati.
2. Poslužite uz omiljeni kukuruzni kruh i uživajte!

Obiteljski crveni čili

(Spremno za oko 8 sati | Za 4 osobe)

Sastojci

- 8 oz mljevenog goveđeg filea
- 1 konzerva (28 oz.) zgnječenih rajčica
- 1 konzerva (15 oz.) crvenog graha, ispranog i ocijeđenog
- 1 crvena paprika, nasjeckana
- 1 žuta paprika, nasjeckana
- 1/2 šalice crvenog luka, nasjeckanog
- 1 šalica velikog crvenog luka
- 2 žlice crnog vinskog octa
- 1 žličica čilija u prahu
- 1/4 žličice mljevenog cimeta
- 2/3 šalice blagog Picante umaka
- Sol, po ukusu
- Crni papar, po ukusu

upute

1. U lagano podmazanoj velikoj tavi zapržite mljevenu govedinu na srednjoj vatri. Pecite oko 5 minuta razbijajući vilicom.

2. Kuhanu govedinu prebacite u lonac i dodajte preostale sastojke; poklopite i kuhajte na laganoj vatri 6-8 sati. Poslužite toplo uz čips od kukuruznog brašna, po želji.

Purica s čili keljom

(Spremno za oko 8 sati | Za 8 porcija)

Sastojci

- 1 žlica maslinovog ulja
- 1 ½ funte nemasne mljevene puretine
- 2 limenke (15 oz.) cannellini graha, isprane i ocijeđene
- 1 šalica paste od rajčice
- 1/2 šalice crvenog luka, nasjeckanog
- 1 list lovora
- 1/2 žličice sušenog ružmarina
- 1 žličica mljevenog kima
- 1/2 žličice kumina
- 1 ½ šalice kelja, grubo nasjeckanog
- 1/4 žličice crnog papra
- 1/4 žličice kajenskog papra
- Celer sol, po ukusu

upute

1. Veću tavu lagano premažite maslinovim uljem. Pecite mljevenu puretinu dok ne porumeni ili oko 10 minuta.

2. U lonac stavite kuhano meso i preostale sastojke, osim kelja; poklopite i kuhajte na laganoj vatri oko 8 sati.

3. Dodajte kelj tijekom zadnjih 20 minuta kuhanja.

4. Kušajte, prilagodite začine i poslužite toplo.

Začinjeni chili od pileće kobasice

(Spremno za oko 6 sati | Za 4 osobe)

Sastojci

- 4 unce pileće kobasice, narezane na kriške
- 2 romske rajčice, nasjeckane
- 2 pune žlice kečapa od rajčice
- 2 šalice graha iz konzerve
- 1 veliki crveni luk, sitno nasjeckan
- 1 zelena paprika, nasjeckana
- 1 crvena paprika, nasjeckana
- 1 žličica mljevenog kima
- 1 žlica nasjeckanog cilantra
- 1 žlica čilija u prahu
- Sol, po ukusu
- Kiselo vrhnje za dekoraciju

upute

1. Kuhajte kobasicu u tavi koja se ne lijepi dok ne poprimi boju ili oko 6 minuta. Zamijenite lonac.

2. Pomiješajte preostale sastojke osim kiselog vrhnja; poklopite i kuhajte na laganoj vatri oko 6 sati.

3. Poslužite s malo kiselog vrhnja.

Feferoni ljuti čili

(Spremno za oko 8 sati | Za 8 porcija)

Sastojci

- 12 oz pureće kobasice
- 4 unce feferona, narezanih
- 1 konzerva (14 1/2 oz) rajčice narezane na kockice, nesušene na suncu
- 1 ½ šalice goveđe juhe
- 1 ½ šalice umaka od rajčice
- 1 žličica limunove korice
- 1 šalica garbanzo graha
- 1/2 šalice zelenog čilija u konzervi, nasjeckanog
- 1 veliki crveni luk, nasjeckan
- 1 ½ žličice sušenog talijanskog začina
- 2 žlice ljutog čilija u prahu
- 1 žlica Worcestershire umaka
- Sol, po ukusu
- Paprika, po ukusu
- Umak od ljutih papričica, po želji

upute

1. Kuhajte kobasice i feferone u malo namašćenoj posudi na srednjoj vatri. Pecite 10-12 minuta; uzeti u lonac.

2. Dodajte preostale sastojke; poklopite i kuhajte na laganoj vatri oko 8 sati.

3. Podijelite u zdjelice za posluživanje i poslužite s kukuruznim kruhom.

Špageti s grahom i šparogama

(Spremno za oko 3 sata | Za 4 osobe)

Sastojci

- 1 šalica juhe od povrća
- 1/2 šalice zelenih mahuna
- 1 limenka (15 oz) graha, ispranog i ocijeđenog
- 2 srednje rajčice, nasjeckane
- 2 srednje mrkve, nasjeckane
- 3/4 žličice suhih listova ružmarina
- 1 funta šparoga, narezanih na komade veličine zalogaja
- 1/2 žličice soli celera
- 1 žličica luka u prahu
- 1 žličica češnjaka u prahu
- 8 unci špageta, kuhanih
- 1/4 šalice parmezana, nasjeckanog

upute
1. U lonac ulijte povrtnu juhu, mahune, grah, rajčice, mrkvu i ružmarin.

2. Kuhajte poklopljeno 3 sata, zadnjih 30 minuta dodajte komadiće šparoga.

3. Začinite solju celera, lukom u prahu i češnjakom u prahu; po vrhu stavite špagete i parmezan. Uživati!

Lako začinjene mahune

(Spremno za oko 4 sata | Za 4 osobe)

Sastojci

- 1 funta zelenih mahuna
- 1 limenka (28 oz.) rajčice narezane na kockice
- 1 veliki crveni luk, nasjeckan
- 4 češnja češnjaka nasjeckana
- 1 žličica sjemenki celera
- 1 žličica sušenog bosiljka
- 1 žličica sušenog origana
- 1 žličica morske soli
- 1/4 žličice svježe mljevenog crnog papra
- 1/4 žličice mljevene crvene paprike

upute

1. Pomiješajte sve sastojke u loncu.

2. Kuhajte poklopljeno na visokoj temperaturi oko 4 sata ili dok zelene mahune ne omekšaju.

3. Kušajte, prilagodite začine i podijelite u zdjelice za posluživanje. Uživajte u ovoj jednostavnoj i zdravoj večeri s kuhanim krumpirom i omiljenom sezonskom salatom!

Omiljeni kremasti zeleni grah

(Spremno za oko 6 sati | Za 4 osobe)

Sastojci

- 1/2 šalice kiselog vrhnja
- 1/4 šalice mlijeka s 2% smanjene masnoće
- 1 ½ šalice konzervirane juhe od gljiva bez masti
- 1 paket (10 unci) zelenih mahuna, odmrznutih
- 2 češnja češnjaka nasjeckana
- 1 mrkva, nasjeckana
- 1 stabljika celera, nasjeckana
- Sol, po ukusu
- Kajenski papar, po ukusu
- Dodajte nasjeckane indijske oraščiće

upute

1. Pomiješajte sve sastojke osim indijskih oraščića u loncu.
2. Poklopite i kuhajte na laganoj vatri oko 6 sati.
3. Pospite nasjeckanim indijskim oraščićima; poslužite preko tjestenine ili kuhane smeđe riže.

Steak Roll Ups s gljivama

(Spremno za oko 6 sati | Za 4 osobe)

Sastojci

- Goveđe pljeskavice od 1 funte, izrezane na 4 porcije
- 4 kriške dimljene šunke
- 1 šalica Portobello gljiva, nasjeckanih
- 1/4 šalice kiselog krastavca kopra, sitno nasjeckanog
- 1 veliki slatki luk, nasjeckan
- 1 žličica Dijon senfa
- 1/2 žličice sušenog estragona
- 1 žličica sušenog bosiljka
- 1/2 žličice sušenog origana
- 1/2 šalice goveđe juhe
- Celer sol, po ukusu
- Crni papar u zrnu, po ukusu
- Majoneza, za dekoraciju

upute

1. Na svaki komad junetine stavite krišku šunke.

2. U zdjeli pomiješajte gljive, kisele krastavce kopra, luk, senf, estragon, bosiljak i origano. Ovom smjesom premažite šunku.

3. Zatim zarolajte odreske i pričvrstite ih čačkalicama; stavite u lonac.

4. Ulijte juhu, pospite celerom, soli i paprom u zrnu; kuhajte na laganoj vatri 5-6 sati. Ukrasite majonezom i poslužite.

Omiljeni ljuti Rouladen

(Spremno za oko 6 sati | Za 4 osobe)

Sastojci

- Goveđe pljeskavice od 1 funte, izrezane na 4 porcije
- 4 kriške Provolone sira smanjene masnoće
- 1 slatka crvena paprika narezana na tanke trakice
- 1 slatka zelena paprika, narezana na tanke trakice
- 1/4 šalice osušene na suncu, sitno nasjeckane
- 1 jalapeño papričica, nasjeckana
- 1/2 šalice zelenog luka, nasjeckanog
- 1 žličica senfa
- 1 žličica sušenog bosiljka
- 1/2 žličice sjemenki celera
- Morska sol, po ukusu
- Mljeveni crni papar, po ukusu
- 1/2 šalice goveđe juhe

upute

1. Svaki dio junećeg odreska nadjenite kriškom sira. Zatim na svaku krišku odreska stavite paprike.

2. U zdjeli pomiješajte ostale sastojke osim goveđe juhe. Ovom smjesom namažite ploške sira.

3. Zatim odreske zarolati; učvrstite čačkalicama; stavite na dno vašeg lonca.

4. Ulijte goveđu juhu; kuhati na laganoj vatri ispod poklopca oko 6 sati. Poslužite toplo.

Sočna juneća kratka rebra

(Spremno za oko 8 sati | Za 4 osobe)

Sastojci

- 1/2 šalice suhog crnog vina
- 1/2 šalice goveđe juhe
- 1 žličica senfa
- 4 velike mrkve, narezane na ploške
- 1 veliki crveni luk, narezan na ploške
- 1 velika žlica cilantra
- 1/2 žličice sušenog estragona
- 2 funte goveđih kratkih rebara

upute

1. Sve sastojke stavite u lonac, a na vrh stavite goveđa rebra.
2. Poklopite i kuhajte na laganoj vatri oko 8 sati.
3. Poslužite toplo uz malo senfa.

Jednostavna talijanska mesna štruca

(Spremno za oko 7 sati | Za 4 osobe)

Sastojci
- 1 ½ funte nemasne govedine
- 1 šalica zobi za brzo kuhanje
- 1 žličica limunove korice
- 1/2 šalice mlijeka
- 1 jaje srednje veličine
- 1/4 šalice juhe od rajčice
- 1/2 šalice mladog luka, nasjeckanog
- 1 zelena paprika, nasjeckana
- 1 žličica granuliranog češnjaka
- 1 žličica talijanskog začina
- 1 žličica morske soli
- 1/2 žličice mljevenog crnog papra

upute

1. Pomiješajte sve sastojke dok se dobro ne sjedine; stavite mesnu štrucu u lonac na lagano kuhalo.

2. Poklopite i kuhajte na laganoj vatri 6-7 sati.

3. Poslužite uz pire krumpir i uživajte!

Svakodnevna mesna štruca od sira

(Spremno za oko 6 sati | Za 4 osobe)

Sastojci

- 1/2 funte nemasne svinjetine
- 1/2 funte nemasne mljevene govedine
- 1/2 šalice krem sira smanjene masnoće
- 1 šalica zobi za brzo kuhanje
- 2 žlice Worcestershire umaka
- 1 jaje srednje veličine
- 1/4 šalice kečapa od rajčice
- 1/2 šalice luka, nasjeckanog
- 1 zelena paprika, nasjeckana
- 1/2 žličice mljevenog đumbira
- 1 režanj češnjaka nasjeckan
- 1 žličica morske soli
- 1/2 žličice mljevenog crnog papra
- 1/2 šalice sira cheddar smanjene masnoće, naribanog

upute

1. U velikoj zdjeli za miješanje pomiješajte sve sastojke osim cheddar sira. Oblikujte mesnu štrucu.

2. Stavite mesnu štrucu u lonac za sporo kuhanje.

3. Kuhajte na laganoj vatri oko 6 sati.

4. Po vrhu pospite naribani sir cheddar i ostavite dok se sir ne otopi. Poslužiti.

Mesna štruca s karijem i kikirikijem

(Spremno za oko 6 sati | Za 4 osobe)

Sastojci
- 1 šalica zobi za brzo kuhanje
- 1 žličica naribanog đumbira
- 1/2 šalice mlijeka
- 1 jaje
- 1/4 šalice nasjeckanog ajvara
- 1/2 šalice luka, nasjeckanog
- 1 slatka crvena paprika, nasjeckana
- 1 žličica granuliranog češnjaka
- 1 žličica sušenog bosiljka
- 1/3 šalice nasjeckanog kikirikija
- 1 žličica curry praha
- 1 žličica morske soli
- 1/2 žličice mljevenog crnog papra
- 1 ½ funte mljevene junetine i svinjetine, miješane

upute

1. Lonac obložite širokom trakom aluminijske folije.

2. U velikoj zdjeli za miješanje pomiješajte zob, đumbir, mlijeko, jaje, ajvar, luk, papriku, češnjak, bosiljak, kikiriki, curry prah, morsku sol i crni papar. Dobro izmiješajte da se sjedini.

3. Dodati mljeveno meso i opet izmiksati. Od smjese oblikujte okruglu štrucu.

4. Stavite u lonac; stavite lonac na nisko i kuhajte 6 sati. Poslužite toplo ili na sobnoj temperaturi.

Mamin začinjeni grah

(Spremno za oko 8 sati | Za 10 porcija)

Sastojci
- 9 šalica vode
- 3 šalice konzerviranog pinto graha, ispranog
- 1 žuti luk, narezan na ploške
- 1/2 poblano paprike očišćene od sjemenki i nasjeckane
- 2 češnja češnjaka nasjeckana
- 1 žlica Cajun začina
- 1 žličica fine morske soli
- 1 žličica mljevenog crnog papra
- 1 žličica kajenskog papra

upute
1. Stavite sve sastojke u lonac.
2. Kuhajte na jakoj vatri 8 sati.
3. Procijedite i sačuvajte tekućinu. Pasuirajte mahune, po potrebi dodajte odloženu tekućinu. Poslužite uz kobasicu i omiljenu salatu.

Cajun Jambalaya osigurao

(Spremno za oko 8 sati | Za 12 porcija)

Sastojci

- 1 (28 oz.) limenka rajčice narezane na kockice
- 1 funta pilećih prsa, bez kože i kostiju i izrezanih na komade veličine zalogaja
- 1 funta Andouille kobasice, narezane na kriške
- 1 veliki luk, nasjeckan
- 1 stabljika celera, nasjeckana
- 1 paprika, nasjeckana
- 1 šalica nasjeckanog celera
- 1 šalica pileće juhe
- 1 žličica suhog lišća bosiljka
- 1 žličica sušenog origana
- 1 žličica Cajun začina
- 1 žličica kajenskog papra
- 1 funta smrznutih kuhanih škampa bez repova
- 1 šalica kuhane riže

upute
1. U lonac stavite sve sastojke osim škampa i kuhane riže.

2. Poklopite i kuhajte na laganoj vatri 8 sati.

3. Zadnjih 30 minuta kuhanja umiješajte škampe i kuhanu rižu. Uživati!

Začinjeno svinjsko pečenje

(Spremno za oko 8 sati | Za 8 porcija)

Sastojci

- 1 veliki crveni luk, narezan na ploške
- 2 češnja češnjaka nasjeckana
- 2 funte svinjskog filea bez kosti
- 1 šalica vode
- 2 žlice smeđeg šećera
- 3 žlice suhog crnog vina
- 2 žlice Worcestershire umaka
- 1/4 šalice soka od rajčice
- 1/2 žličice soli
- 1/2 žličice crnog papra

upute

1. Na dno lonca rasporedite luk i nasjeckane ploške češnjaka; stavite odrezak na vrh.

2. Pomiješajte preostale sastojke u mjernoj posudi ili zdjeli za miješanje; prelijte pečenu svinjetinu.

3. Poklopite i kuhajte na jakoj temperaturi 3-4 sata ili na niskoj temperaturi 8 sati. Poslužite uz pire krumpir.

Veseli punjeni listovi kupusa

(Spremno za oko 8 sati | Za 4 osobe)

Sastojci

- 8 većih listova kupusa
- 1 kilogram nemasne mljevene junetine
- 1/4 šalice luka, sitno nasjeckanog
- 1/4 šalice vode
- 1 crvena paprika
- 1/4 šalice kuhane riže
- 3/4 žličice soli
- 1/4 žličice mljevenog crnog papra
- 1 ½ šalice umaka od rajčice
- 1 konzerva (16 oz) rajčice, narezane na kockice

upute

1. Listove kupusa stavite u kipuću vodu i kuhajte dok ne omekšaju; drenaža.

2. Pomiješajte mljevenu junetinu i preostale sastojke osim umaka od rajčice i rajčice. Filovati listove kupusa, preklopiti krajeve i stranice.

3. Pomiješajte umak od rajčice i rajčice; poklopite i kuhajte na laganoj vatri oko 8 sati.

4. Poslužite s malo kiselog vrhnja.

Svinjski file pirjan u mlijeku

(Spremno za oko 4 sata | Za 8 porcija)

Sastojci

- Mljeveni crni papar, po ukusu
- Fina kuhinjska sol, po ukusu
- 1 svinjski lungić bez kostiju
- 1 šalica zelenog luka, nasjeckanog
- 2 češnja češnjaka nasjeckana
- 1/2 šalice mlijeka
- 1/4 šalice suhog crnog vina
- 1 žličica sušene kadulje
- 1 žličica suhog ružmarina
- Ukrasite vlascem

upute

1. Svinjski file natrljajte crnim paprom i solju. Stavite u lonac.

2. Pospite nasjeckanim lukom i mljevenim češnjakom; zatim dodajte sjedinjeno mlijeko i vino. Pospite kaduljom i ružmarinom.

3. Poklopite i kuhajte na laganoj vatri oko 4 sata.

4. Pospite svježim vlascem i poslužite!

Pire krumpir s mrkvom

(Spremno za oko 3 sata | Za 8 porcija)

Sastojci

- 5 funti crvenog krumpira, izrezanog na komade
- 2 češnja češnjaka nasjeckana
- 2 mrkve, tanko narezane
- 1 kocka pilećeg temeljca
- 1 šalica kiselog vrhnja
- 1 šalica krem sira
- 1/2 šalice maslaca
- 1/2 žličice soli
- 1/2 žličice mljevenog crnog papra

upute

1.Kuhajte krumpir, češnjak, mrkvu i pileći temeljac u velikom loncu kipuće vode oko 15 minuta. Opskrbite se vodom.

2.Zatim izgnječiti kuhani krumpir s vrhnjem i krem sirom.

3.Prebacite pire krumpir u lonac; pokrijte lonac poklopcem, kuhajte na laganoj vatri oko 3 sata.

4.Umiješajte maslac; pospite solju i crnim paprom; servirati.

Kuhana šunka za blagdane

(Spremno za oko 8 sati | Za 24 porcije)

Sastojci
- 1 piknik šunka sa slanom kosti
- 2 šalice pakiranog smeđeg šećera
- 1/4 žličice mljevenog klinčića
- 2 žlice balzamičnog octa

upute
1. Po dnu lonca rasporedite smeđi šećer i mljevene klinčiće.
2. Stavite šunku u lonac i dodajte aceto balsamico.
3. Poklopite i kuhajte na laganoj vatri oko 8 sati.

Omiljeni maslac od jabuke u obitelji

(Spremno za oko 10 sati | Za 24 porcije)

Sastojci

- 5 kilograma jabuka, oguljenih, očišćenih od koštice i nasjeckanih
- 4 šalice smeđeg šećera
- 1/2 žličice naribanog muškatnog oraščića
- 1 žlica mljevenog cimeta
- 1/2 žličice mljevenog klinčića
- Prstohvat soli

upute

1. Stavite jabuke narezane na kockice u lonac.
2. U srednjoj zdjeli pomiješajte preostale sastojke dok se dobro ne sjedine.
3. Ovom smjesom prelijte jabuke u loncu i dobro promiješajte.
4. Poklopite i kuhajte na najjačoj temperaturi 1 sat. Smanjite vatru i zatim kuhajte oko 9 sati. Izmiješajte pjenjačom i ohladite.

Piletina na talijanski način s brokulom

(Spremno za oko 9 sati | Za 6 osoba)

Sastojci

- 3 pileća prsa bez kože i kostiju
- 1 šalica preljeva za salatu u talijanskom stilu
- 1 ½ šalice krem pileće juhe
- 1 šalica pileće juhe
- 1 šalica krem sira
- 1 žličica sušenog origana
- 1/2 žličice sušenog bosiljka
- Celer sol, po ukusu
- Mljeveni crni papar, po ukusu
- Kajenski papar, po ukusu

upute

1. Pomiješajte pileća prsa u loncu s talijanskim umakom.

2. Pokrijte poklopcem, smanjite lonac i kuhajte 8 sati.

3. Narežite piletinu i vratite u lonac. U srednjoj zdjeli za miješanje pomiješajte preostale sastojke.

4. Prelijte narezanu piletinu u loncu; dodajte brokulu. Smanjite vatru i nastavite kuhati oko 1 sat.

Štruca s lososom i začinskim biljem s umakom

(Spremno za oko 5 sati | Za 4 osobe)

Sastojci

Za mesnu štrucu od lososa:
- 1 šalica svježih krušnih mrvica
- 1 limenka (7 ½ oz) lososa, ocijeđenog
- 1/4 šalice mladog luka, nasjeckanog
- 1/3 šalice punomasnog mlijeka
- 1 jaje
- 1 žlica svježeg soka od limuna
- 1 žličica suhog ružmarina
- 1 žličica mljevenog korijandera
- 1/2 žličice piskavice
- 1 žličica sjemena gorušice
- 1/2 žličice soli
- 1/4 žličice bijelog papra

Za umak:
- 1/2 šalice krastavca, narezanog na kockice
- 1/2 šalice običnog jogurta smanjene masnoće
- 1/2 žličice korova kopra

- Sol, po ukusu

upute

1. Obložite svoj lonac folijom.

2. Pomiješajte sve sastojke za kruh s lososom dok se dobro ne sjedine; oblikovati štrucu i staviti u lonac.

3. Pokrijte odgovarajućim poklopcem i kuhajte na laganoj vatri 5 sati.

4. Pomiješajte sve sastojke za umak; umutiti zajedno.

5. Poslužite svoju mesnu štrucu s pripremljenim umakom.

Lazy Man Mac and Cheese

(Spremno za oko 4 sata | Za 4 osobe)

Sastojci
- Neljepljivi sprej za kuhanje s okusom maslaca
- 16 oz tjestenine po izboru
- 1/2 šalice maslaca, otopljenog
- 1 (12 oz) limenka evaporiranog mlijeka
- 1 šalica mlijeka
- 4 šalice Colby jack sira, naribanog

upute
1. Lonac lagano premažite sprejom za kuhanje.
2. Prvo skuhajte svoje omiljene makarone prema uputama na pakiranju; isprati i ocijediti; uzeti u lonac.
3. Dodajte ostale sastojke i dobro promiješajte. Kuhajte na laganoj vatri 3-4 sata. Uživati!

Mediteranska piletina sa tikvicama

(Spremno za oko 8 sati | Za 4 osobe)

Sastojci

- 4 srednja pileća prsa, bez kože
- 2 šalice malih rajčica narezanih na kockice
- 1 kocka za skladištenje
- 1/2 šalice suhog bijelog vina
- 1/2 šalice vode
- 1 srednja tikvica, narezana na ploške
- 1 veliki luk, nasjeckan
- 1/3 šalice nasjeckane lukovice komorača
- 1 žličica mljevenog kima
- 1 žličica suhog lišća bosiljka
- 1 list lovora
- Prstohvat crnog papra
- 1/4 šalice maslina, očišćenih od koštica i narezanih na ploške
- 1 žličica soka od limuna
- 3 šalice kuhane riže

upute

1. Sve sastojke osim maslina, limunovog soka i kuhane riže stavite u lonac; poklopite i kuhajte na laganoj vatri oko 8 sati, dodajući masline bez koštica tijekom zadnjih 30 minuta kuhanja.

2. Dodajte sok od limuna; bacite lovorov list. Poslužite uz kuhanu rižu i uživajte.

Mediteranski punjeni špageti squash

(Spremno za oko 8 sati | Za 4 osobe)

Sastojci

- 1 srednja špageta tikva, prepolovljena po dužini i očišćena od sjemenki
- 2 romske rajčice, nasjeckane
- 2 konzerve (6 oz.) tune u vodi, ocijeđene i narezane na listiće
- 1 žličica suhog lišća bosiljka
- 1 žličica suhih listova origana
- 1/2 žličice suhe majčine dušice
- Sol, po ukusu
- Crni papar, po ukusu
- Kajenski papar, po ukusu
- 1/2 šalice vode
- 1/4 šalice Pecorino Romano, naribanog

upute

1. Polovice bundeve stavite na tanjur.
2. Pomiješajte sve sastojke osim vode i pecorina romana u mjernoj posudi ili zdjeli za miješanje. Žlicom stavljajte ovu smjesu u polovice bundeve i stavite u lonac.
3. Dodajte vodu u lonac; poklopite i kuhajte na laganoj vatri 6-8 sati.
4. Pospite Pecorinom Romanom i poslužite.